1일1독의 힘

KB077332

1일1독의 힘

초판 1쇄 2021년 01월 19일

지은이 문영일 | **펴낸이** 송영화 | **펴낸곳** 굿웰스북스 | **총괄** 임종익

등록 제 2020-000123호 | **주소** 서울시 마포구 양화로 133 서교타워 711호

전화 02) 322-7803 | **팩스** 02) 6007-1845 | **이메일** gwbooks@hanmail.net

© 문영일, 굿웰스북스 2021, *Printed in Korea*.

ISBN 979-11-972750-5-0 03190 | **값** 15,000원

※ 파본은 본사나 구입하신 서점에서 교환해드립니다.

※ 이 책에 실린 모든 콘텐츠는 굿웰스북스가 저작권자와의 계약에 따라 발행한 것이므로
　 인용하시거나 참고하실 경우 반드시 본사의 허락을 받으셔야 합니다.

※ **굿웰스북스**는 당신의 풍요로운 미래를 지향합니다.

상위 1% 직장인을 만드는 광독서법!

1일1독의 힘

문영일 지음

굿웰스북스

바쁜 직장인들을 위한 책읽기 최고의 방법, 광독서법!

　코로나19로 인해 대부분의 기업들이 경기 침체로 신음하고 있다. 직장인들은 이로 인한 고용불안을 걱정하지 않을 수 없다. 여기에 4차 산업혁명의 핵심인 AI, 로봇, RPA 등의 영역이 커지고 있다. 기업은 생산성과 효율성을 높이지 못하면, 경쟁에서 살아남을 수 없다. 앞으로 10년 안에 새로운 기술들은 현재 직장인들이 하고 있는 일의 60~70%를 대체할 것으로 보고 있다. 이러한 거대한 파도가 밀려오고 있는데, 무엇으로 이를 막을 것인가? 계속 직장이라는 틀 안에서 갇혀 경쟁력을 잃어가고 있지는 않는가? 우리는 지능화된 기계를 이길 수 있는 방법을 찾아야 한다. 기존의 생각과 교육의 틀로는 이 거대한 혁신을 막을 수 없다. 다행스러운 것은 생각을 바꿀 혁신의 툴을 우리가 이미 가지고 있다는 것이다. 바로 책읽기이다. 책은 인류가 만든 가장 혁명적인 도구이다. 인간의 상상력을 무한대로 펼치게 만들 수 있는 최고의 도구이다.

"책은 인류가 만든 불멸의 혼이다!"

우리는 책 속에서 길을 찾을 수 있다. 책은 시공간을 초월한다. 역사, 문화, 예술, 지역을 넘어 우리의 영혼을 새롭게 만들 수 있다. 수많은 독서광들이 이 세계를 완전히 바꾸었다. 이들도 처음은 있었다. 처음부터 누가 책을 즐기면서 읽을 수 있었겠는가? 어느 날 책 속에서 눈에 들어 왔던 한 문장이 개인의 삶을 완전히 바꾸었을 것이다. 어떤 이는 이 문장을 통해서 통찰력을 얻었고, 미래를 보았고, 희망을 보았고, 성공과 부를 보았을 것이다. 수백 년 전의 선조들의 고민에서 우리는 단서를 찾을 수 있다. 수천 년간 이어온 지식의 창고에서 쌓여 있는 지혜, 기술, 상상력, 창조력을 우리는 꺼내어 먹기만 하면 된다.

당신은 세상에서 유일하고 특별한 사람이다. 이 세상에는 당신과 같은 모습과 능력을 가진 사람은 없다. 신은 인간에게 모두 특별한 재능을 부여했다. 세상의 유일무이한 당신의 생각, 경험, 지혜를 책 속의 단서와 결합시켜라. 새로운 환경에서 새로운 방식으로 새로운 상상력이 발현될 것이다. AI, 로봇, RPA가 결코 따라올 수 없는 상상력과 창조력은 이미 당신 안에 있다. 이러한 재능을 끄집어내는 것을 책읽기에서 시작하라. 그냥 책읽기가 아니라 광독서하라.

첫 번째, 책읽기에 미쳐라. 대부분의 사람은 그냥 책을 읽으면 3박 4일을 가지 못하고 포기한다. 나는 '어떻게 하면 포기하지 않고, 책을 읽을 수 있을까?'를 고민했다. 당신의 뇌는 항상 안락함을 추구한다. 안락함을 버리지 못하면 새로운 방식의 습관을 만들 수 없다. 안락함을 버릴 수 있게 하는 방식은 바로 절박함이다. 절박함은 자기 스스로를 바꾸고자 하는 강한 의지를 만든다. 강한 의지 없이 어떠한 습관도 성공도 이루어낼 수가 없다. 당신의 10년 후의 미래는 바로 이 순간 당신이 무엇을 하느냐에 달려 있다. 언론에 매일 보도되는 것을 봐라. 실직한 40대 가장의 쓸쓸한 죽음, 빚 독촉에 시달리는 어느 모녀의 안타까운 현실, 실직으로 인한 아동학대 증가 등 개인이 경쟁력을 키우지 않으면 어느 순간 언론의 일이 나의 일이 된다. 코로나 시대, 언택트(untact) 시대, AI시대 등 위기를 기회로 바꾸기 위한 절박함이 필요하다. 미친 도전이 필요하다.

두 번째, 빛의 속도로 읽어라. 나는 책읽기 방법을 알지 못했다. 책은 무조건 다 읽어야 한다는 고정관점을 가지고 있었다. 1년에 읽은 책의 숫자가 7~8

권에 불과했다. 양에서 질이 나온다. '살아오면서 수천 권의 책을 읽은 사람과 몇 권을 읽은 사람들의 생각의 크기가 비교가 되겠는가?' 비교할 수 없다. 사람들은 모두 자기만의 재능을 가지고 있다. 책읽기는 누구나 쉽게 할 수 있다. 책읽기는 아무런 조건도, 어떠한 스펙도 필요 없다. 나에게 맞는 나만의 독서법을 선택해서 적용하면 된다. 광독서법은 1일1독을 기본으로 한다. 60분 이내에 책을 읽고, 30분 이내에 정리한다.

세 번째, 책을 통해서 나를 빛내라! 책읽기는 "나다움"을 찾기 위한 과정이다. 책을 읽으면 읽을수록 나라는 존재의 의미를 명확히 알 수 있다. 나를 알아야 나를 빛낼 수가 있다. 나에 대해서 한 번도 깊이 생각해보지 않았다면, 지금부터 나를 찾는 과정을 시작해라. 본능에 이끌리는 대로 쾌락과 욕망에 젖어 살지 말고, 사유하는 나를 찾아라. 성공을 원하는가? 행복을 원하는가? 미래에 꿈을 펼치기를 원하는가? 멋진 삶을 살기를 원하는가? 모든 것은 이미 책 속에 답이 있다. 당신을 빛내기 위한 첫 번째 도전이 책읽기이다.

이 책은 총 5장으로 구성되어 있으며, 시간 없고 바쁜 직장인들을 대상으로 한다.

1장. 왜 지금 책을 읽어야 하는가?
2장. 1일1독의 힘, 8가지 경쟁력

3장. 평생 가는 책읽기 습관 만들기

4장. 인생을 바꾸는 핵심 책읽기 기술

5장. 인생의 모든 답은 책 속에 이미 있었다

이 책을 읽음으로써 독자들은 답을 얻을 수 있다.

Why의 관점에서 '왜 책을 읽어야 하는가?'

What의 관점에서 '책읽기가 나에게 실질적으로 어떤 도움이 되는가?'

　책읽기에 대한 근본적인 원인과 목적을 이해하면, 다음은 How에 대한 답으로 습관, 기술, 실행전략을 알 수 있다. 나는 독자들이 이 책을 통해서 위기를 기회로 만들기를 바란다. 당신의 숨겨진 재능을 깨우는 데 이 책이 단 한 명이라도 도움이 된다면 나의 사명은 다했다고 생각한다.

　당신은 세상에서 유일하고 차별화된 사람이다.

이 책의 프레임

목표 : 직장인들이 1일1독을 통해 '나다움'을 찾으며
광독서법이라는 Only one의 무기를 가지고 자기계발과 성장을 하게 한다

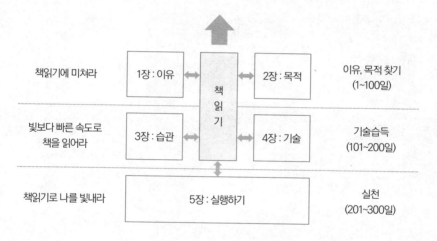

목차

1장.

왜 지금
책을 읽어야 하는가?

2장.

1일1독의 힘,
8가지 경쟁력

3장.

평생 가는
책읽기 습관 만들기

4장.

인생을 바꾸는
핵심 책읽기 기술

5장.

인생의 모든 답은
책 속에 이미 있었다

코로나 팬데믹, Untact 경제, AI, RPA, 로봇, 빅데이터 등의 4차 산업혁명이 가속화되고 있다. 이에 따른 기존 직장인의 고용불안은 더욱 커질 것이며, 이러한 거대한 파도를 무엇으로 막을 것인가? 계속 직장이라는 틀 안에서 갇혀 경쟁력을 잃어가고 있지는 않는가? 우리는 고도화하고 지능화된 기계를 이길 수 있는 방법을 찾아야 한다. 기존의 생각과 교육의 틀로는 이 거대한 혁신을 막을 수 없다. 우리는 생각을 바꿀 혁신의 툴을 이미 가지고 있다. 바로 책읽기 이다. 책은 인류가 만든 가장 혁명적인 도구이다. 지금부터 책 읽는 습관을 가지지 않는다면 당신이 직장으로부터 도태되는 것은 시간문제이다. 바로 지금부터 책읽기를 시작하고, 상상력이라는 도화지 위에 당신의 꿈을 그려라.

왜 지금
책을
읽어야
하는가?

직장인,
길을 잃어버리다

어머니가 남겨 주신 정신적인 삶의 가치

나는 왜 '300일 1일1독 프로젝트'에 도전하게 되었는가?

우리나라 평균 대기업 임원 나이는 54세다. 나는 사랑하는 아내와 대견스러운 딸과 아들을 가진 우리나라 평균 임원 나이의 대기업 4년차 임원으로, 인생의 최정점에 있는 직장인이다.

그러나 실상은 코로나19, 비대면, 디지털 트랜스포메이션 등 삶에서나 직장에서나 한치 앞을 내다볼 수 없는 불안한 미래로 인해 한 해씩 연차가 늘어날수록 불면의 날은 더욱 많아지고 있다. 평균수명이 길어진 시대, 앞으로 살아가야 할 날은 내게 적어도 40년 이상 남았다.

무엇을 하며 어떻게 살아가야 하는가? 나 스스로에게 질문을 던져본다. 아이들이 대학을 졸업하고 크려면 아직 몇 년 남았다. 앞으로 돈이 들어가야 할 곳은 더 많이 늘어날 것이다. 나이는 점점 직장에서 최고참으로 가고 있다. 지금까지 준비해놓은 것은 별로 많지 않다. 이런 불안한 생각들이 항상 머리를 맴돈다. 직장 이외에는 다른 수익구조가 없기 때문에 더 직장에서 최선을 다해야 한다고 생각하고 있다.

7년 전 어느 화창한 봄날이었다. 회사에서 프로젝트 때문에 정신이 없을 때였다. 갑자기 한통의 전화가 왔다. 형수님이었다. 갑자기 불길한 생각이 들었다. 아버님은 몇 해 전에 돌아가셨고, 최근에는 어머님까지 몸이 많이 안 좋으셨다. 전화 속의 형수님의 목소리가 떨리고 있었다.

"도련님 빨리 오세요, 어머니 상태가 안 좋으세요!"

어머니가 자꾸 나를 찾으신다고 하신다. 나는 직감적으로 '올 것이 왔구나.'

하고 생각했다. "예, 빨리 가겠습니다." 하고 대답한 뒤 바로 운전대를 잡았다.

'어머니, 조금만 기다려주세요. 가시더라도 마지막으로 제 얼굴은 보고 가셔야죠.'

가는 내내 마음속으로 기도했다. 사실은 그 전날도 어머니 건강이 위독해지셔서 지켜봤어야 했다. 그러나 회사에서 워낙 큰 프로젝트가 진행되고 있었다. 나는 도저히 빠질 수가 없었다. 어쩔 수 없이 출근해서 일하고 있었다. 그런데 어머니가 위독하다고 하니, 갑자기 불효자가 된 느낌이었다. 죄책감이 컸다.

형님네 아파트 문을 열고 급하게 방으로 뛰어 들어갔다. 어머니는 그때까지 숨이 있으셨다. 눈은 허공을 바라보고 계셨다. 내가 갔는데, 알아보지 못하셨다. 점점 숨이 꺼져가고 있음을 느꼈다. 어머니 손을 꼭 잡고 소리쳤다.

"어머니, 저 왔어요. 어머니가 그렇게 찾던 영일이가 왔습니다!"

그러나 아무런 대답이 없으셨다. 계속 허공만을 바라만 보고 계시던 눈이 한순간 나와 마주쳤다. 아주 잠시였지만 나는 느꼈다. 어머니가 내게 말씀하고 계셨다.

"영일아! 왔구나, 보고 싶었다. 어미가 매일 이야기한 말 잊지 말고, 행복하게 잘 살아라!"

그리고 어머니는 영영 이 세상을 떠나가셨다. 옆에서 형수님이 말해주셨다. 어머니가 도련님 보고 싶어서 하늘나라로 못 가시다가 지금 가셨다고…. 눈물이 왈칵 쏟아졌다. 나에게 할 말이 많으셨는데, 매일 회사가 바쁘다는 핑계로 어머니 옆에 있지 않았다. 좀 더 따뜻하게 대해 드렸어야 했는데, 후회가 밀려왔다.

어머니가 돌아가시기 전에 내게 늘 하셨던 말씀이 있다.

"봉급쟁이는 갈급쟁이다. 항상 저축하며 살아라."

내가 급여에 대해서 말씀드린 적도 없었고, 당신께서는 한 번도 사회생활을 한 적이 없으셨지만 어머니는 알고 계셨던 것이다. 월급쟁이는 빠듯하게 살 수밖에 없다는 것을! 내가 아무리 대기업을 다녀도 아내와 아이들과 함께 살아가기에 넉넉한 돈을 벌 수 없다는 것을!

어머니는 넉넉하지 않은 살림이셨지만 나에게 용돈을 달라고 하신 적이 한 번도 없으셨다. 오히려 돌아가시기 며칠 전에 모든 가족들을 불러 모아 꼭 꼭 모아놓으셨던 쌈짓돈을 나누어주고 떠나셨다. 나는 너무 놀랐다. 어머니께서는 아끼고 또 아끼셔서 너무나도 큰 선물을 주신 것이었다. 당시 나는 말문이 막혀 말을 이을 수가 없었다.

딱 먹고 살만큼 나오는 것이 월급이라, 나는 어머니에게 따로 보탬이 되어드린 것이 없었다. 물질적으로 풍요롭게 해드리지 못해 항상 죄송한 마음이 가득해서, 나는 항상 어머니께 말씀드렸다.

"살아생전에 아끼지 마시고 먹고 싶은 것, 하고 싶은 것, 입고 싶은 것이 있으면 다 하고 사세요."

그런데 지금까지 당신을 위한 것은 하나도 제대로 하지 않으셨다는 이야기가 아닌가. 이런 모습의 어머니를 보니, 눈물이 절로 나왔다. 나는 마음속으로 약속했다. 어머니의 영혼이 담긴 소중한 돈으로, 아이들이 바른 생각을 하면서 클 수 있도록 만들겠다고 다짐했다. 나는 지금도 돌아가실 때 어머니의 그 눈빛에 담긴 유언을 기억한다.

"남에게 피해주지 말고 정직하게 살아라!"

'300일 1일1독 프로젝트'는 '남에게 피해주지 말고 정직하게 살라.'는 어머님의 말씀을 항상 기억하면서, 나다움을 찾고자 하는 열망에서 시작되었다.

'300일 1일1독 프로젝트'를 시작하다

나는 아주 오랜 친구가 몇 명 있다. 중학교 때부터 친구였으니 약 40년 지기이다. 그 중에 대기업 임원인 A는 자주 만나지는 못했지만, 가끔 전화를 주고받았다. 작년 크리스마스쯤에 문득 그 친구가 생각이 나서 전화를 걸었다. 나는 반갑게 말했다.

"잘 지내고 있니? 우리 한번 얼굴 봐야지? 너 시간 언제 괜찮니?"

의례적인 물음이었다. 그런데 약간 이상한 느낌이 들었다. 그 친구가 우물쭈물하는 것 같더니, 나에게 말했다.

"요즈음 시간 엄청 많다. 나 며칠 전에 잘렸어."

이 한마디를 들으니 너무나도 미안했다. 괜히 전화했나 싶었다. 고심하다 다시 물었다.

"이제부터 뭐 할거니?"

그 친구는 애써 태연하게 대답했다.

"계획은 없고 지금부터 찾아봐야지! 뭐든 해서 먹고살지 않겠니?"

갑자기 내 가슴이 먹먹했다. 한 평생을 직장에 다니면서 임원으로 퇴직했는데, 잘리고 나니 당장 호구지책을 걱정해야 한다니. 뭔가 가슴을 옥죈다.

그렇다면 나는 어떤가? 내가 지금 당장 잘리면 무엇을 하고 먹고 살 수 있을까? 솔직히 대답하기 어렵다. 돈을 많이 모아놓은 것도 아니고 지금 당장 퇴직하게 된다면 앞으로 40년을 지금까지 벌어놓은 돈을 조금씩 나누어 써야 한다. 이자율이 제로인 시대이다. 이자율이 없어서 은행에 돈을 넣어두는 것조차 손해이다. 그렇다고 주식이든 부동산이든 채권이든 투자에 손댔다가 잘못하면 한 번에 훅 갈 수도 있다. 그렇다고 아무 것도 하지 않고 살아갈 수 있을까? 24년간을 한 직장만 보고 살아왔던 나다. 내가 지금 나가서 당장 다른 직업을 구할 수 있을까? 다른 직업을 구하는 것이 솔직히 자신이 없다. 그러면 어떻게 해야 하나? 이런 저런 생각을 하면 잠을 제대로 잘 수 없다. 나의 불면은 지속된다.

나는 가끔 언론이나 신문에서 은퇴한 사람들의 기사를 본다. 퇴직해서 사기를 당하거나, 자영업으로 제2의 인생을 시작했으나 녹록하지 않다는 기사가 대부분이다. 직장인이 절대로 해서는 안 되는 일이 자영업이라고 한다. 전문분야가 아닌데, 무턱대고 덤벼들다 몸은 몸대로 상하고 마음은 마음대로 다친다는 것이다.

'제2의 인생에 대해서 좀 더 구체화된 계획이 필요하다!'

　나는 이런 현실에 대한 돌파구가 필요했다. '무엇을 해야 할까?'에 대한 답이 필요했다. 누가 가르쳐줄 수 있는 것이 아니다. 이 치열한 경쟁 세상에서 살아남기 위해 내가 스스로 터득하고 배워야 했다. 내가 24년간 직장을 다니면서 잘할 수 있는 것이 무엇이 있는가를 곰곰이 생각했다. 내가 가진 것은 열정과 헝그리 정신이다. 죽기 아니면 까무러치기다. 불광불급! 미치지 않으면 세상에서 이룰 수 있는 것은 없다고 생각한다.

　첫 번째 도전은 바로 책읽기였다. 왜냐하면 내가 누구인지를 먼저 알아야 했기 때문이다. 나다움을 찾아야 무엇을 할지 결정할 수가 있지 않겠는가?

　마음속에 가지고 있는 막연한 두려움을 없애버리자. 좌절감이나 무기력함으로부터 빠져나오자. 그러기 위해서는 책읽기로 새로운 인풋이 필요하다. 새로운 인풋들이 쌓이고 쌓이면, 새로운 나를 발견할 것이다.

　그래서 나는 2020년 1월 3일 '300일 1일1독 프로젝트'를 시작한 것이다. 그리고 꼬박 300일이 지났다. 그 300일 동안 나는 무엇이 바뀌었는가? 지금 나는 어디에 서 있는가? 이 모든 과정이 기록이 바로 이 책 『1일1독의 힘』이다.

언택트 시대, 책 읽는 직장인만 생존한다

언택트(untact) 시대, 직장인에게 최고의 기회가 왔다

코로나19로 직장에서 가장 많이 바뀐 것이 비대면 문화다. 최근 서비스업을 하는 기업들은 대면으로 일하지 않고 비대면으로 일한다. 직장들은 코로나19 확산을 방지하기 위해 재택근무, 시간근무, 유연근무 등으로 기업의 업무 방식을 바꾸고 있다. 직장 내에서는 비대면으로 가장 효율적으로 일하기 위해서 다양한 툴들을 사용한다. 화상회의, 협업툴, 사이버 세미나, 사이버 교육, 코칭 등의 틀을 사용한다.

이러한 제도와 툴들로 인해 이동시간이 짧아졌다. 이동시간이 짧아진다는 것은 삶과 일에 있어서 큰 변화가 일어나고 있다는 의미이다. 디지털이 온라인을 가속화시켰고, 코로나가 티핑 포인트를 만들었다. 코로나 이전과 이후의 직장은 어떻게 바뀔까?

구분	코로나 이전	코로나 이후
일하는 방식	오프라인으로 모여서 일하는 면 조직	온라인으로 일하는 점 조직
평판	주위의 평판, 다면평판, 수평적 평판	일대일의 평판, 수직적 평판
직장 내 관계	복잡함, 집단 속에서의 관계	단순함, 개인 위주의 관계
미션	함께 co-work, 중복	개인 미션, 명확함
평가	사람과 관계를 통한 성과 평가	플랫폼을 통한 성과 평가
핵심 역량	근면, 성실, 노력, 태도	개성, 창의, 상상, 꿈
공간	건물에 모여서 근무	건물 필요 없고, 스마트워킹 활성화

최근에 미국에서 컨퍼런스가 개최되었다. 예년 같으면 미국을 가기 위해 몇 날 며칠을 준비하고 갔다 와야 했다. 비자발급부터 호텔예약, 파트너들과 미팅 주선, 세미나 장소 주변 환경 검토 등 시간이 많이 소요되었다. 갔다 오는데, 비용도 비용이지만 밤낮이 바뀌기 때문에 체력적으로도 버티기 만만치 않았다.

그런데 최근 코로나19로 인해 대부분의 세미나들이 온라인으로 진행되고 있다. 이동시간도 확 줄었지만 세미나에 참석으로 인한 집중도는 훨씬 높아졌다. 영어권 국가에서 세미나 하면 가장 애를 먹는 것이 듣기인데, 화상으로 하면 텍스트로 녹음하고 번역이 가능해서 오히려 세미나의 전반적인 내용을 이해하기 쉬워졌다.

이렇듯 언택트 시대가 확대되면서 직장인들의 일에 대한 집중도는 높아졌고, 출퇴근 시간은 확 줄어들었다. 통계에 따르면 수도권 직장인들의 평균 출퇴근 시간이 2시간 이상 줄어든 것으로 나왔다. 그렇다면 이전의 '왜 책을 읽지 않나요?'라는 물음에 '시간이 없어서'라는 이유가 60% 정도였던 상황에도 변화가 일어날 수 있다는 이야기이다.

직장인에게 황금 같은 2시간이 주어졌다. 버려지는 출퇴근 시간만 집에서 제대로 활용해도 은퇴할 때까지 최고의 전문가로 근무할 수 있다. 바야흐로 책읽기 최고의 시대가 왔다. 코로나19가 가져다 준 최고의 기회이다.

책읽기로 당신의 숨겨진 재능을 발견하라

'300일 1일1독 프로젝트'를 시작한 지 3일이 되었다. 독하게 마음먹었던 것들이 사라진다. 독서는 항상 나의 희망사항이었다. 매년 열독하고 싶었다. 책

읽는 것은 너무도 따분하고 지겨웠다. 30분 이상 집중하면서 보기 힘들었다. 나는 매년 1월 1일 목표를 세운다. 목표는 한 달에 한 권 책읽기가 단골손님이었다. 다음해는 어김없이 목표달성에 실패했다. 1년에 7~8권 밖에 못 읽지 못했다. 나는 연초만 되면 항상 자조 섞인 말을 한다.

"아! 나는 언제쯤 책을 한 달에 한 권 읽으려나?"

2020년 직장생활 24년차! 책을 읽는 나의 생각은 완전히 바뀌었다. 어느 유투버의 말이 나의 뇌리를 강하게 때렸다.

"책은 자기의 성공의 원천이었다."

나는 지금까지 한 번도 책이 성공을 결정해 줄 것이라는 생각을 해본 적이 없었다. 책이란 그냥 남들이 자기 생각을 써 놓은 글의 모음집 정도라 생각했다. 어려서부터 내 머리 속에 남아 있는 글귀 중에 하나는 "무에서 유를 창조한다."라는 문장이었다. 나는 이 말을 이렇게 해석했다.

"책 읽지 않아도 돼, 경험만 있으면 돼! 힘들게 책 읽는 일은 굳이 필요 없어!"

아마도 그 말은 어떤 유명한 철학자가 했던 말이었을 것이다. 하지만 이렇게 말한 사람은 이미 머릿속에 차고 넘칠 만큼 많은 지식이 있었을 것이다. 그는 더 이상 인풋이 필요 없다. 머릿속에 있는 생각만 엮어도 더욱 많은 생각을 만들어냈을 것이다.

나의 상황과 그의 상황은 완전히 달랐다. 나는 이 문장에 대한 앞뒤 문맥을 전혀 이해하지 못했다.

'무에서 유를 창조하는 데 책 읽는 일이 무슨 필요가 있겠어! 그냥 보고 듣고 경험하면 그만이지!'

인위적인 책읽기를 통한 인풋이 없이 살아도 자연적인 본능에 의해서 무에서 유를 창조할 것이라는 막연한 생각을 가지고 있었다. 나는 한 번도 더 깊게 의문을 품고 묻지 않았다. 나는 지금까지 자신을 돌아보고 자신에게 질문을 해본 적이 별로 없었다.

생각의 프레임을 키우기보다 1차원적인 사고방식을 가지고 살았다. 단순한 질문조차 하지 않고 남이 시키면 시키는 대로, 육체가 원하면 원하는 대로, 눈에 보이면 보이는 대로 살아왔다. 잘못된 신념 속에서 내가 모든 것을 다 아는 것처럼 살아왔다.

남이 글을 잘 쓰는 것을 보면 그저 감탄했다. '저 사람은 특출난 사람이니까 글을 잘 쓸 거야!'라고 막연하게 생각했다. 왜 잘 쓰게 되었는지, 어떻게 해서 잘 쓰게 되었는지, 무엇 때문에 잘 쓰게 되었는지에 대해서는 관심을 갖지 않았다. 단순히 '저 사람은 공부를 잘해서, 머리가 좋아서, 배운 게 많아서, 좋은 학교를 나와서' 등의 1차원적인 생각만 갖고 있었다.

나는 지금까지 '나다움'을 찾는 데에 너무나 소홀했던 것이다. 직장이라는 보호막에 싸여 업무와 승진이라는 한 방향만 보고 살았다. 내 삶을 바꾸고 혁신하는 데 게을렀다. 나는 생존력을 잃어가고 있었다.

내가 직장생활 시작부터 체계적인 책읽기를 알았다면, 어땠을까? 아마도 이 시기에 제2의 인생에 대한 고민을 하지 않았을 것이다. 나의 숨겨진 재능들은 이미 발현되었을 것이다. 책읽기로 이미 준비된 인생을 즐기며 살고 있지 않았을까?

변화하지 않으면 사라진다

조직에서 변화하지 않으면 사라진다

우리는 매일 커다란 변화를 겪는다. 다만 피부로 느끼지 못하고 있을 뿐이다. 너무 많은 것들이 변화하다 보니 뇌가 제대로 받아들이지 못한다. 우리 주변의 환경은 말 그대로 시시각각으로 변한다. 지구는 엄청난 속도로 자전을 계속하고 있다. 지구는 1,667km/h의 속도로 자전을 하고 있다. KTX의 5.5배 속도이다. 가만 침대에 누워서 창밖을 봐라. 하늘의 구름이 엄청난 속도로 움직이고 있다. 내 눈 앞에 뭉게구름이 보인다. 잠깐 눈을 감고 딴 생각에 빠져 있다 창밖을 보면 어느새 다른 구름이 내 눈에 보인다. 너무 빨리 움직여 속도감을 따라 잡을 수 없다.

기업은 누구보다도 변화에 민감하고 민첩하게 대응한다. 변화에 대응하지 못하면 사라지기 때문이다. 찰스 다윈도 『종의 기원』에서 말하지 않았는가!

"결국 살아남는 종은 가장 강한 종도, 가장 지적인 종도 아닌, 변화에 가장 유연하게 적응하는 종이다."

이 말은 모든 기업과 조직에 적용된다. 대부분의 기업들은 연말에 조직개편을 단행한다. 고객, 기술, 사회 환경이 지속적으로 변화하기 때문이다. 조직은 변화에 따른 니즈를 반영하여 성과를 창출한다. 이런 조직개편 속에서 성과를 창출하지 못했던 조직은 조용히 사라지게 되고 조직원들은 뿔뿔이 흩어진다. 사라진 조직의 조직원들은 자기가 원하지 않는 다른 부서로 배치를 받는다. 조직이 성과를 내지 못했기 때문에 조직원들도 힘든 시기를 보내게 된다.

십여 년 전에 내가 맡았던 프로젝트가 있었다. 대형 프로젝트였기 때문에 조직이 만들어졌고 인력과 자원이 배분되었다. 회사에서는 전폭적인 지원을 했고, 조직원들 모두 프로젝트를 성공시키겠다는 하나의 목표를 가지고 최선을 다해서 일했다. 대형 프로젝트였기 때문에 여러 조직이 힘을 합쳐야 했다. 대형 프로젝트는 톱니바퀴처럼 각 조직이 하고 있는 서브 프로젝트들이 정확하게 맞아 돌아가야 한다. 마치 비행 편대가 하늘을 날 때 대형을 정확히 유지하면서 비행하는 것처럼 완벽한 조화를 이루어야 한다.

한 조직에서 어떠한 이유로 서브 프로젝트의 진행이 늦어지면, 다른 조직들이 아무리 빨리 서브 프로젝트를 진행해도 기다릴 수밖에 없다. 이로 인해 프로젝트 전체 진행이 늦어진다. 늦어진 조직의 서브 프로젝트가 정상화 되어야 맞물려 돌아간다.

수많은 사람들이 밤을 새워 프로젝트를 진행했지만, 결과는 실패였다. 조직이 없어졌다. 같이 있던 직원들은 뿔뿔이 흩어졌고, 어떤 직원들은 너무도 허탈하고 허망해했다. 밤을 낮 삼아 일을 했는데, 성과가 나오지 않았기 때문에 보상이 문제가 아니라 비난을 받아야 했다. 몇몇 임원은 그 프로젝트로 인해 책임을 지고 옷을 벗었다. 임원들은 당연하다고 생각한다. 책임질 위치에 있었기 때문이다. 임원끼리 하는 이야기가 있다.

'임원이 직원보다 돈을 많이 받는 이유는 일에 대해 책임을 지는 자리이기 때문이다.'

임원들 스스로도 이런 시기가 오면 옷을 벗고 나가야 한다는 것을 알고 있다. 임원의 자리는 늘 자기가 하는 업무에 목숨을 걸고 최선을 다해야 한다. 성과가 있으면 보상을 받고, 이슈가 있으면 책임을 져야 한다. 냉혹한 경쟁세계의 현실이다.

새로운 조직이 신설되고 나면 일정기간 조직에게 기회를 준다. 사람에게 라이프사이클이 있듯이 조직도 기업도 라이프 사이클을 가지고 있다. 라이프사이클이 최정점에 있을 때 쇠퇴기로 들어갈 것인가 아니면 다시 한 번 도약을 할 것인가 판단해야 한다.

기업이 다시 한 번 도약하기 위해서는 혁신이 필요하다. 혁신은 기업을 더 높은 수준으로 한 단계 끌어올리는 강력한 엔진과도 같다. 혁신은 조직의 수명을 지속시킨다. 세계 500대 기업의 평균 수명은 40~50년 수준이지만, 우리나라 기업의 평균 수명은 고작 30년이다. 고객의 변화에 대응하지 못하면 기업은 사라진다.

기업이 장수할 수 있는 공통점을 보면 '변화 대응력'이다. 당신이 다니고 있는 기업이 내외부 환경에 적절히 변화하지 못하면 어떻게 될까? 바로 당신은 실업자가 된다. 한사람의 문제가 아니고 온 가족의 생계가 달린 문제이다. 조직에서 최선을 다하지 않으면 언제든 실업자가 될 수 있다. 직장에서 가장들이 모두가 목숨 걸고 열심히 하고 있는 이유이다. 그럼 어떻게 '변화대응력'을 키워갈 수 있을까? 바로 '1일1독'을 통해서 변화대응력을 키워갈 수 있다.

책읽기를 통해서 변화의 코드를 읽어라

최근 한국고용정보원에 따르면, A(55세)는 대기업에서 22년간 근무하고 임원으로 퇴직 후, 공사현장 물건 운반, 택배기사, 배달 등을 거쳐 공공기관에 재취업을 했다. B(60세)는 건설회사에서 30년간 CFO로 근무하다 두 차례 임원 승진에서 밀려난 후 퇴직했다. 이후 노래방, 호프집 등을 창업하면서 최근 코로나로 어려움을 겪고 있다. 증권회사에서 총무와 이사를 거쳐 퇴직한 C(54세)는 아파트 관리소장 일을 하고 있다. C는 퇴직 당시 전혀 준비가 되어 있지 않았고, 아이들이 대학교를 다니고 있어서 퇴직 후 정신적으로 힘든 시기를 보내고 있다.

위 사례를 보면, 임원들은 20~30년간 직장생활을 했다. 직장 안에서는 자기분야에 Top의 지위까지 올라갔다. 그런 임원들이 퇴직을 하면서 너무도 초라하게 바뀌는 모습을 볼 수 있다.

나는 마음속으로 '저러면 안 되지!'라는 강한 부인을 한다. 그렇다고 나한테 어떤 방안이 있는지 반문하면 딱히 할 말은 없다. 내 나이 54세이고, 매년 임원들이 승진하고 퇴직을 반복하는 상황에서 나이로 인해 점점 더 설 자리를 잃어가고 있는 느낌은 어쩔 수 없다. 마음 한구석에 항상 가지고 있는 신념이 있다. 명예롭게 퇴직하자. 젊은 시절부터 지금까지 청춘을 바쳐서 일해온 직장이다. 마지막을 멋있게 장식하는 것이 나의 임무이다. 내 후배들을 위해서 가시밭길을 모두 제거하고 고속도로를 만들어야 한다. 약간의 소망이 있다면 내가 떠난 뒤에 나로 인해 정보보안단이 발전을 했다는 이야기를 듣고 싶다.

D 임원과 이야기할 기회가 있었다. 그 임원은 자기 자리가 아주 깨끗하다고 했다. 어차피 언제 나갈지 모르는데, 자기 방에 개인용품을 갖다 놓는 것은 사치라는 것이다. 언제든 움직일 수 있게 비워 놓고 살고 있다는 뜻이다. 내가 신입사원 시절에 임원의 방은 으리으리했다. 한두 번 보고를 위해 임원님의 방에 들어갔다. 10m나 되는 대형 회의 탁자와 사장님 의자, 화분, 서재 등 분위기에 압도당했다. 그런 임원 방이었는데, 20년이 지난 지금의 임원 방은 아주 간소하고 심플하다. 회의용 탁자가 있으나, 전시용 탁자가 아닌 실무적으로 필요에 의해 누구나가 들어가서 쓸 수 있는 회의용이다. 문도 거의 없다. 모두 오픈 형으로 구성되어 있다. 직원들과 더 많은 소통을 하기 위한 방 구조이다.

20년이 지나면서 시대의 변화에 따라 임원에 대한 회사 내부의 인식도 완전히 변했다. 폐쇄형에서 개방형으로, 권위주의에서 탈권위주의로, 일방적

지시가 아닌 코칭으로 변하고 있다.

　변하는 자만이 살아남을 수 있다. 나는 이러한 변화에 대응하고 새로운 삶을 찾기 위해서 책읽기를 시작했다. 자꾸 안주하려고 하는 자신을 채찍질 한다. 환경에 따른 최선의 선택은 항상 다양한 생각의 틀을 가지고 있을 때 가능하다. 그것의 기반은 '1일1독'에서 시작한다.

300일 1일1독 프로젝트 key point 3

변화하지 않으면 사라진다

01　1일1독으로 변화에 민첩하게 대응하라

02　변화하지 못하면 사라진다

03　임원들의 생각이 탈권위주의로 바뀌고 있다

04　1일1독을 통해서 변화의 코드를 읽어라

책읽기로
생각을 확장하라

책읽기를 통해서 아이들 스스로 생각하는 힘을 갖게 하라

나는 요즈음 아이들이 부쩍 큰 모습을 본다. 외형적으로는 이미 성인, 내면
도 성인이 됨을 느낀다. 가족들이 가장 편하게 이야기할 수 있는 시간은 식탁
에서다. 요즈음 코로나 때문에 가족들이 한 공간에서 모이는 일이 쉬워졌다.
저녁 식사시간에 쉴 새 없이 재잘거리는 아들을 보면서 '많이 컸구나.' 하고
생각한다. 목소리에 행복이 가득하다. 즐겁고 신나게 이야기 한다. 아들로 인
해 가족들 모두가 웃음꽃이 핀다. 아들의 이야기를 경청하고 듣다 보니, 어느

덧 아들의 생각을 자연스럽게 알 수 있었다.

아들은 아빠와 엄마를 친구처럼 생각하고 있다. 최근에 읽은 책 중에 소통과 관련된 책이 있었다. 상대방과의 소통이 얼마나 중요한지를 깨닫게 해주는 책이었다. 이 책을 읽고, 나는 아이들과 친구처럼 편한 아빠가 답이라는 생각을 하게 되었다.

'친구 같은 아빠는 어떤 사람일까?'
'왜 친구 같은 아빠가 되어야 하는가?'

아이들을 이해함으로써, 아이들이 스스로가 세상에 잘 적응하길 바라기 때문이다. 18살 이후까지도 아빠, 엄마가 아이들을 훈육하는 것은 잘못된 방식이다. 아이들은 또래와 섞이면서 자기들만의 경험과 생각을 갖는다.

'왜 아이들 스스로가 세상에 적응해야 하는가?'

세상의 부침을 겪어가면서 스스로 깨달아야 한다. 깨달아야 성공할 수 있다. 부모가 지켜주는 방식은 한계가 있다.

'부모가 죽은 다음은 어떻게 할 것인가?'

'어떻게 하면 스스로 깨닫게 할 수 있나?'

다음과 같은 방법을 통해서 자연스럽게 아이들과 소통을 하면 어떨까?

1. 부모가 먼저 마음을 터놓고 아이들과 대화를 하겠다는 자세를 가져야
   한다.
2. 자연스러운 관계가 되지 않으면 고민을 이야기 하지 않는다. 소통이 단
   절된다.
3. 집안 내에서 예의 절차를 따지면 자연스러운 관계가 될 수 없다. 아빠는
   가장, 아이는 꼴찌라는, 동등함이 결여된 상태에서의 이야기는 상명하
   복이 된다. 자연스러운 관계가 아니다.
4. 서로가 상대방을 이해하고, 무엇을 좋아하는지 파악해야 한다.
5. 상대방이 좋아함에 대해 존중해주고, 잘 될 수 있도록 지원한다.

부모가 공자와 맹자를 들이대면서, 아이들에게 예절을 가르치는 행위는
옛날 방식이다. 자연스럽게 자기 스스로 깨닫게 하는 방식이 필요하다. 우리
는 공자와 맹자에 대한 현대적인 해석이 필요하다. 그분들의 가르침인 '인의
예지신'이 인류의 보편적인 가치인 만큼 반드시 알아야 한다. 반드시 알아야
한다고 예전방식의 주입식 교육으로는 아이들에게 가까이 가기 어렵다. 어른
들도 끊임없이 아이들과 소통하는 방식을 배워야 한다. 누가 가르쳐주지 않

1일1독의 힘

는다. 자기 스스로 책을 통해서 아이들과 어떻게 소통할지 찾아야 하고 책을 통해서 생각의 크기를 키워야 한다. '1일1독'이 당신의 생각의 크기를 무한대로 확장시켜 줄 것이다.

'1일1독'을 살아 있는 지식으로 만들어라

나는 지금까지 살아오면서 아이들에게 따뜻한 아빠였는가? 나의 결론은 "아니다."이다. 그렇다면 '왜 아이들에게 따뜻함을 보여주지 못했을까?' 내 '나름대로'의 기준이 있었다. 아이들이 앞으로 사회생활을 하게 되면 예의바른 사람으로 만들어야겠다는 생각에 엄격하게 아이들을 대했다. 앞으로 수많은 장애물을 넘어 멋진 인생을 혼자서 살아가게 하기 위해서 좀 고지식하게 대했던 것 같다.

그런데 과연 그것이 옳은 선택이었을까? 나의 사고는 60년대 사고방식을 벗어나지 못했던 것 같다. 우리가 어렵고 못살았던 시대에 가졌던 생각들이다. 엄격함, 통제, 지시, 규율 등 생계가 어려운 시대를 벗어나기 위해 몸부림 쳤던 사회의 기준들이었다. 이런 생각이 내 잠재의식에서 스스로를 지배했기 때문에 내 아이들에게 영향을 미쳤다고 생각한다.

나는 먹고 살기 바쁘다는 핑계로 오로지 회사에 올인했다. 아침부터 저녁까지 회사일이라면 무조건 우선하고 살았다. 나는 아내와 아이들에게 아빠는 회사원이고, 바쁘기 때문에 너희들과 많이 놀아줄 수 없고, 너희들을 챙길 수 없다는 생각을 은연중에 하게 만들었다. 회사 내에서 승진을 하기 위해서 피 말리는 경쟁을 해야 했고, 이 때문에 늦게까지 일하는 것은 기본이었고, 윗사람에게 좀 더 잘 보이기 위해 노력했고, 주위사람들과 관계를 좋게 하기 위해서 직장 내 활동도 많이 했다.

그러다 보니, 내 가족과의 시간보다는 외부에 있는 시간이 많았다. 아내와 아이들은 이런 아빠를 당연하게 봐주었다. 왜냐하면 아빠가 우리 집의 생계를 책임지고 있기 때문에 아빠의 이런 활동을 어린 마음이지만 은연중에 이해해주었다. 아이들의 잠재의식 속에서 아빠는 언제나 바쁜 회사원이었다. '우리와 놀아주기에는 시간이 부족하다.' '아빠는 우리 가족의 생계를 책임지니 밖에 있는 것은 당연하다.' 등이 의식에 쌓여 왔을 것이다. 이러한 결과가 지금의 나와 우리 가족의 관계가 되었다.

대학생 딸이 새벽에 배가 아프다고 한다. 잠을 제대로 자지 못한 것 같았다. 내가 일어나는 시간이 새벽 4시인데, 그때까지 잠을 자지 못하고 있었다. 내가 물었다.

"딸, 어디 아프니? 왜 새벽까지 잠을 안 자니?"

"배가 아파서 잠자기가 어려워요."

"배가 아프면 엄마 아빠 깨워서 약을 달라고 하면 되지, 왜 엄마 아빠를 깨우지 않고 혼자서 참고 있니?"

"엄마 아빠가 잘 주무시고 계셔서 깨울 수가 없었어요."

이제 대학생이라 아빠, 엄마를 생각하는 마음이 내가 생각했던 것보다 훨씬 컸다. 딸을 보면 철없는 대학생인 줄 알았는데, 대견스러웠다. '내가 지금까지 아이들에게 바라왔던 것처럼 혼자서도 잘하네!'라는 생각이 들었다.

그런데 왠지 한구석에 아쉬움이 몰려왔다. 아이들과 좀 더 소통했더라면 어려운 상황에서 아빠, 엄마를 좀 더 쉽게 찾았을 것이다. 그러면 조기에 치료할 수 있었을 텐데!

나는 '내가 지금까지 해왔던 교육 방식이 너무 낡고 시대에 뒤떨어져, 오히려 아이들과의 간격만 멀어지게 했구나!'라는 생각이 들었다. 나는 회사에서 코칭과 멘토 등 직원의 역량의 향상시키는 활동들을 한다. 코칭과 멘토와 관련된 다양한 책을 읽었다. 어떻게 하면 코칭과 멘토를 잘할 수 있는지를 책에서 기술적으로 배웠다. 하지만 중요한 것은 책을 통해서 배운 것을 실행하는 것이다.

'집에서는 오히려 더욱 더 잘해야 하는 것 아닌가?'

스스로에게 반문해본다. 책을 통해서 배운 지식이 머릿속에만 있는 죽어 있는 지식이 아닌 살아 있는 지식이 될 수 있도록 해야 한다.

'책 속의 지식이 행동을 통해서 실천하는 지혜로 살아나야 한다.'

300일 1일1독 프로젝트 key point 4

책읽기로 생각을 확장하라

01 부모와 자식 간에 자연스러운 소통관계를 만들어라

02 아이들 스스로 생각의 힘을 키우게 하라

03 책읽기를 통해서 배운 것을 실행하라

04 행동을 통해 실천하는 지식이 진정한 지혜이다

더 이상 스펙은 경쟁력이 아니다

스펙은 더 이상 유효하지 않다

회사로 출근하기 위해 밖으로 나왔다. 어떤 사람은 큰 방향성인 숲을 보고 가고, 어떤 사람은 숲은 보지 못하고 나무만 보고 간다. 우리가 옳은 방향성을 가져가고 싶다면, 숲과 나무를 동시에 모두 보고 가야 한다.

스펙이 사라지는 것은 시대적인 흐름이다. 우리의 과거는 스펙이 존중받을 수밖에 없었던 사회구조였다. 직업의 다양성, 생각의 다양성, 사회구조의 다양성 등이 전혀 인정되지 않는 사회였다. 획일화하고 한 방향만 강조되었던 시기였다. 공부 이외에는 먹고살 방법들이 별로 없었다. 성공 확률이 가장 높은 것이 공부였다. 집안에 돈이 없어도 어떻게든 자식들이 잘 살게 하기 위해서 공부를 시켰다. 공부만이 출세를 할 수 있는 지름길이었기 때문이다. 출세가 곧 부와 명예를 동시에 잡을 수 있는 길이었다. 그렇기에 어떻게든 스펙을 만들려고 혈안이 되었다. 전쟁을 거치고, 50여 년간 스펙쌓기 열풍이 이어져 왔다.

2000년대에 들어서며 스펙쌓기 폐단이 눈에 띄기 시작했다. 혈연, 지연, 학연 등으로 인한 부정적인 사례들이 발생했다. 국가에서는 스펙으로 인한 부정적 사례들이 발생하자 법으로 차별을 없애기 시작했다. 교육시민단체 '사교육걱정없는세상'은 공공기관 블라인드 채용 의무화 이후의 성과를 분석했다.

"정부는 2017년 하반기부터 공공부문 이력서에 학벌·학력·출신지·신체조건 등 차별적 요인은 기재하지 않는 방식으로 의무화했다. 이러한 공기업 블라인드 채용 의무화 이후 SKY가 차지하는 비율이 30% 줄고, 지방, 여성이 늘어난 것으로 분석됐다." (참고자료 : "공공기관 '블라인드 채용' 했더니… SKY 30% 줄고 지방대 · 여성 늘어", 〈한겨레신문〉, 2019.9.27.)

이렇듯 법과 제도를 동원해서 정부부터 스펙 차별을 없애기 위해서 노력하고 있다. 이러한 노력은 앞으로도 전 산업과 기업들로 더욱 확대될 것이다.

2000년대부터 유튜브, SNS 등 1인 미디어가 폭발적으로 성장하면서 개인의 소소한 성향들이 대중의 인기를 얻게 되었다. 2000년도 이전에는 스펙을 가진 사람들이 미디어에 출연해서 더 많은 권력과 부를 가질 수 있었다. 그러나 인터넷이 사회문화 구조를 완전히 바꾸었다. 앞으로 4차 산업혁명의 핵심인 AI, 로봇, 5G 등은 개인의 직업을 완전히 새롭게 바꿀 것이다. 법제도와 사회현상과 함께 스펙 차별화 현상은 점진적으로 사라져갈 것이다.

요즈음 유튜브가 모든 연령층에서 대세 미디어다. 어린아이부터 노년층까지 유튜브를 모르면 바보인 세상이 되었다. 유튜브에 나오는 스타들은 절대 학력이나 스펙을 가지고 자랑하지 않는다. 그들은 오직 자기가 가지고 있는 일에 대한 전문성으로 승부한다. 1인 미디어를 활용한다. 1인 미디어가 빠르게 세상 속으로 들어오고 있다. 우리나라처럼 인터넷이 잘되어 있는 나라의 1인 미디어 발전 속도는 5년 전보다 10배가 성장하는 등 눈이 부시다.

누구나 1인 미디어를 가질 수 있는 세상에서 이미 스펙은 폐기처분 당했다. 누군가는 책을 잘 읽어주어서, 누군가는 게임을 잘해서, 누군가는 화장을 잘해서, 누군가는 말을 잘해서, 누군가는 운동을 잘해서…. 여기 이 '누군가'

는 모두가 아주 평범한 사람들이다. 모두가 아주 평범한 세상 속에서 자신의 경험과 일에 대한 즐거움만으로 돈을 벌 수 있는 세상이 되었다. 이러한 평범함 속에서 비범함을 찾기 위해서 당신이 반드시 해야 할 일이 있다. 바로 책읽기이다. 책읽기를 통해서 다양한 경험을 쌓아라. 책읽기는 당신의 경쟁력을 키워 줄 것이다.

스펙이 아닌 개인의 경쟁력을 키워라

나는 스펙이 좋지 않다. 소위 말하는 서울에 있는 3류 대학 출신이다. 고등학교에서 대학을 들어갈 때 스펙이 뭔지 몰랐다. 부모님은 무조건 열심히 공부해야 한다고 하셨다. 그 당시에는 부모님에 대한 약간의 반항심이 있었다. 내가 생각해도 공부를 열심히 하지 않았다. 고3인데도 틈틈이 무협지나 소설책을 읽었다.

대학에 들어가서, 스펙이라는 것이 무엇인지 느꼈다. 현실을 뼈저리게 느꼈다. '군대에 갔다 온 뒤에 졸업하면 뭐하지? 내 스펙을 가지고 직업을 가질 수는 있을까?'라는 의문이 들었다. 스펙이라는 굴레를 벗어나기 위해 뭔가 혁신적인 변화가 필요하다고 생각했다. 그래서 미국 유학을 결정했다. 우리 집이 부자는 아니었다. 누님이 두 분이 있는데, 두 분 다 우연히 미국으로 이민을 갔다. 누님들이 가끔 전화를 주셨다.

"영일아! 미국으로 와. 여기서 얼마든지 공부할 수 있어! 부모님에게 돈 달라고 하지 않고 스스로 벌어서 할 수 있으니, 와."

아버님, 어머님은 내가 미국에 가는 것을 찬성하셨고, 나는 대학을 마치자마자 곧바로 미국으로 떠났다. 사실은 틀 속에 갇혀 있는 우리나라를 빨리 떠나고 싶었다. 미국에 가서 뭔가를 바꾸고 싶었다.

나는 미국에서 3년 만에 MBA/MIS 대학원 학위를 취득했다. 당시 우리나라 기업들이 미국에 있는 인력을 뽑기 위해 'International Job Affairs'를 뉴저지에서 개최했다. 나는 박람회에 갔고, 몇 군데서 인터뷰를 봤다. 아주 좋은 조건으로 지금 있는 회사에 입사했다. 해외유학생이라는 타이틀을 가지고 신입사원으로 입사했다. 내가 한국으로 다시 돌아오고, 회사에 특채가 되었다고 하니 부모님은 너무 기뻐하셨다. 주변 친척 분들과 내가 아는 사람 모든 사람들이 나를 만나면 "장하다. 수고했다."라는 말을 했다.

나는 미국에서 고생한 덕분으로 약간의 스펙 상승이 일어났다. 허나 사회생활을 하면서 스펙사회의 견고함을 계속 느꼈다. SKY가 아니면 명함을 내기 쉽지 않았다. 항상 마음속에 내가 나온 대학에 대한 부끄러움이 있었다. 남이 나를 3류로 보는 것이 너무도 싫었다. 회사라는 조직에서 부끄러운 내가 되지 않기 위해 남다르게 일했다. 말 그대로 성실과 열심의 대명사였다.

70~80년대만 해도 먹고 살기 위해 공부를 했고, 스펙을 쌓았다. 그러나 이제는 공부를 하지 않아도 성공하는 사례들이 많이 나오고 있다. 코로나19로 인해 비대면 문화가 확산되면서 K팝의 신드롬은 더욱 강해지고 있다. K팝의 선두 주자인 BTS를 비롯해 수많은 아이돌 그룹들은 스펙이 없다. 학력을 가지고 아이들을 선발하지 않는다. 오직 원석같은 그 아이들의 재능을 보고 키운다. 일정 부분 스펙이 필요한 분야도 있을 것이다. 현재 사회는 다양성을 무기로 한다. 스펙은 그냥 사회구성의 일부로 존재한다. 이전처럼 평생을 먹고 살기 위한 유일한 수단으로 존재하는 것이 아니다. 공부가 필요하고 연구가 필요한 사람은 더 높은 스펙을 가져가는 것이 바람직하다.

AI는 스펙을 구분하지 않는다. 창의력, 상상력, 감성, 관계성만이 AI를 능가할 수 있다. 미국 최고의 아이비리그 스펙을 가진 월스트리트 펀드 매니저가 한순간에 직장을 잃었다. 세계최고의 투자기업인 골드만삭스는 인공지능을 애널리스트로 영입했다. 켄쇼라 불리는 인공지능은 연봉 50만 달러를 받는 애널리스트 15명이 4주에 걸쳐 해야 할 일을 혼자 다했다. 그것도 단 몇 분 만에 분석리포트를 내놓았다. 골드만삭스는 애널리스트 600명을 대량 해고했다. 아이비리그는 예전이나 지금이나 젊은이들에게 꿈의 대학이다. 누구나 도전해보고 싶어하지만 아무나 들어갈 수 없는 대학들이다. 이런 대학들을 나온 사람들이 AI라는 인공지능에 의해서 한순간에 옷을 벗었다는 것은 나에게도 충격이었다.

앞으로 인공지능은 세상을 완전히 바꾸어 놓을 것이다. 우리는 교육이라는 틀 속에서 항상 정답을 찾았다. 정답을 빠르게 맞추는 사람이 1등 인재였다. 앞으로의 인재는 정답이 없는 답을 상상하는 사람이 1등 인재가 될 것이다. 누구나 책을 통해서 상상력을 마음껏 키울 수 있다. 스펙을 쌓기 위해서 노력하기보다는 '1일1독'을 통해서 개인의 경쟁력을 키워라. 세상의 변화 속도는 무섭도록 빠르다. 여러분이 책읽기를 '나중에 해야지.' 하고 미루는 순간 여러분은 경쟁력을 잃어버릴 것이다. 세상의 중심에 서기 위해서 책을 읽어라. '1일1독'의 실천은 화려한 스펙이 없어도 여러분을 세상의 승자로 만들어줄 것이다.

300일 1일1독 프로젝트 key point 5

더 이상 스펙은 경쟁력이 아니다

01 스펙은 더 이상 유효하지 않다

02 스펙이 아니 일에 대한 전문성으로 승부하라

03 AI는 스펙을 구분하지 않는다

04 1일1독으로 스펙이 아닌 개개인의 경쟁력을 키우라

06

책을 읽으니,
꿈이 그려진다

책읽기는 블록장난감이다

나는 어렸을 때 꿈이 많은 아이였다. 나는 블록장난감으로 무언가를 만드는 것을 무척 좋아했다. 블록장난감은 책읽기와 같다. 블록장난감을 가지고 놀면 시간이 어떻게 지나갔는지 알 수 없을 정도로 빠져 있었다. 내가 원하는 상상의 모양을 얼마든지 만들 수 있었다. 마치 하얀 백지장에 상상의 붓을 들고 원하는 그림을 그리는 것과 같다. 블록장난감을 가지고 성도 만들고 자동차도 만들고 기차도 만들고, 내가 원하는 모든 것을 만들었다 부수었다 했다. 블록장난감으로 내가 상상하는 모든 것을 만들 수 있었다.

나는 미래에 되고 싶은 것이 너무 많았다. 내가 되고 싶었던 1순위는 과학자였다. 만화 중에 〈로보트 태권 V〉, 〈아톰〉과 같은 로봇 만화가 많았다. 그 때문에 과학자가 멋져 보였고, 로봇을 만드는 과학자가 되고 싶었다. 어떤 때는 자동차를 만드는 엔지니어가, 어떤 때는 기차를 움직이는 기관장이, 어떤 때는 성을 만드는 건축사가 꿈이었다. 매일 매일 꿈이 바뀌었다.

매일 내가 블록장난감을 가지고 놀다 보니, 어머니는 항상 말씀하셨다.

"우리 영일이는 손재주도 좋고, 머리도 좋다."

많은 부속품들이 박스 안에 들어 있었다. 트렌치, 볼트와 너트, 바퀴 등의 플라스틱 박스가 4~5개 있었다. 나는 이 부속품들을 조립해서 근사한 물건을 만들었다. 어머님은 놀라워해주셨다. 지금 생각해보면 일부러 더 크게 놀라워해주신 것 같다. 자식에게 자부심을 심어주기 위해서! 어머님의 따뜻한 칭찬 덕분에 나는 스스로가 손재주가 좋고 머리가 좋다고 생각하고 살았다. 어머님의 그런 한마디 한마디가 내가 성장하는 데 얼마나 도움이 되었는지 지금 와서야 깨달았다. 자식을 키워보니 어머니의 그 심정을 알겠다. 자식에게 큰 꿈을 키워주고 싶다는 것이 어머님의 소망이셨다!

꿈을 잃어버린 직장인에게 꿈을!

나는 직장생활하면서 대리 시절이 가장 어려웠다. 팀 회의 때마다 상사 C에게 주로 깨졌다. 그는 빨간 펜으로 보고서를 난도질했다. 상사 C는 항상 이렇게 말했다.

"야! 너는 머리는 어디다 두고 다니냐! 생각 좀 해라! 생각 좀! 그렇게 상상력이 없어서 무슨 보고서를 작성하냐!"

이런 말들이 난무하던 시절에 가장 간절하게 갈구했던 단어가 상상력이었다. 정말 생각하고 싶어도 잘 생각이 나지 않았다. 그리고 생각이라는 놈의 정체가 무엇인지 알지 못하고 무조건 "상상력이 없다. 창조성이 없다."라는 말을 들으니 의기소침할 수밖에 없었다.

'상상력은 무엇일까? 누가 천천히 가르쳐주었다면 아마 좀 더 나은 상상을 하지 않았을까?'

팀장들과의 회의 시간이었다. 일의 의미를 찾고 회사의 비전과 자신의 꿈을 연계시키는 회의였다. 모두들 자신의 꿈과 회사의 비전을 연계시키는 것을 너무도 어려워했다. 자신의 꿈에 대해서 진지하게 생각해보지 않았기 때문이다. 나는 회의 진행목적 및 방법 등을 설명했다.

"나는 오늘 여러분과 함께 꿈과 회사의 비전을 연계시키는 회의를 하도록 하겠습니다. 오늘 회의는 여러분의 꿈, 사명이 무엇인지 진지하게 생각해보고, 이를 회사의 비전과 연계시키겠습니다. 우리가 하고 있는 일의 의미를 찾도록 하겠습니다. 첫 번째, 여러분의 사명선언문을 한번 만들어보겠습니다. 두 번째, 각자의 사명선언문을 발표하는 시간을 가지도록 하겠습니다. 세 번째, 사명선언문과 회사의 비전을 연계시켜서 여러분이 하는 일의 의미를 찾아보겠습니다. 네 번째, 여러분이 진정으로 생각하는 일의 의미를 이야기해보겠습니다."

이렇게 진행방법을 설명하고 각 팀장들에게 생각할 시간을 주었다. 생각할 시간은 약 5분, 발표하는 시간 3분으로 정했다. 시간이 되었다.

"A팀장부터 시작하시죠."

A팀장은 멋쩍은 듯이 자기의 사명선언문을 발표했다.

"나는 ○○○ 함으로써, ○○○ 와 함께 ○○○ 할 시간을 많이 가지겠다."

대부분의 팀장들이 생각해본 적이 없어 발표하는 것도 어려워했고, 멋쩍어 했다. 8명의 팀장이 모두 발표한 후에 약간의 토론 시간을 가졌다. 개인의 사명선언문에 대해서 생각해본 적이 있냐고 물어봤더니 8명 중에 1명만 생각해본 적이 있고 나머지 팀장들은 처음이라 당황했다고 한다. 꿈을 가지고 있는 것이 있냐고 물어봤더니 "직장생활하면서 꿈이 어디 있나. 애들 잘 키우고, 직장생활 열심히 하고, 행복한 가정을 이루는 것이 꿈이라면 꿈이다."라는 것이었다. 직장인은 1년 앞의 업무계획, 또는 2~3년의 중기계획은 신속하고 정확하게 작성한다. 그것도 객관적인 데이터와 근거를 기반으로 작성한다. 그런데 자기의 꿈에 대해서는 계획을 세워본 적도, 왜 꿈꾸어야 하는지에 대해서 잘 생각해보지 않는다.

'내가 앞으로 잘 할 수 있는 것이 무엇일까?'
'꿈을 잃어버린 사람들에게 목표와 꿈을 만들어주면 어떨까?'

앞으로 이들을 위해 상상력을 붓을 들어 원대한 꿈을 찾아 주는 일을 해야겠다. 좀 더 높은 목표를 가지고 삶을 살 수 있도록 도와주어야겠다는 생각을 해본다.

'300일 1일1독 프로젝트'를 시작한지 30일이 되는 날이었다. 저녁에 부문 내 임원들이 모여 회식을 했다. 분기가 끝나고 나면 한 분기 실적과 성과에 대해서 논의하는 자리였다. 각 단과 담당을 맡고 있는 임원들이 한 분기 동안의 제일 잘한 것과 다음 분기 계획에 대해서 간단히 말했다. 자기 조직을 이끌면서 어떤 방향으로 이끌어가겠다는 다짐 또는 개인적인 소회를 말했다.

이 회식자리에서는 크게 두 가지 일을 한다. 첫 번째는 자기가 맡은 조직의 실적과 성과 발표이고, 두 번째는 건배사이다. 매 분기마다 하다 보니, 조직의 장들이 재미있는 건배사를 통해서 자신의 포부를 밝힌다. 조직 장들은 건배사를 준비하는 데 신경을 많이 쓴다. 타 단의 조직 장들이 멋진 건배사를 하면, 부럽기도 하고, 은근히 경쟁심이 발동하기 때문이다. 나는 회식자리에 가면 항상 미리 건배사를 준비한다. 내가 맡은 조직을 상사에게 어필해야 하고, 멋진 건배사를 말함으로써 더욱 분위기를 끌어올리기 위해서다.

조직별로 발표가 끝나고 나의 조직 차례가 되었다. 술이 한잔씩 돌고 나니 기분이 업 되어 있었다. 오늘 하려고 준비했던 건배사들은 모두 잊어버리고 분위기에 휩싸였다. 조직의 성과와 계획을 이야기한 후에, 나는 스스로의 다짐을 이야기했다. 나는 그때 한창 책읽기를 미친 듯이 하고 있던 때였다. 하루한 권의 목표를 달성하기 위해선 주말에는 거의 3~4권을 읽었다. 주중에 못읽는 경우가 있었기 때문에 약속을 지키기 위해 주말에 몰아 읽었다. 그래서 내 스스로에게 좀 더 강한 다짐이 필요했다. 나는 계획을 다른 사람들에게 말함으로써 스스로 자신을 더 채찍질하고자 했다. 상사와 동료들이 보는 앞에서 "10년 동안 일만 권의 책을 읽겠다. 10만 명의 초인을 가슴에 넣고 지혜롭게 조직생활과 인생을 살아가겠다."고 큰소리 쳤다. 그리고 건배사를 했다.

"단무지 정신(단순하고 무식하게 지속적으로)으로 가겠다."

상사 A는 나의 이야기를 듣고 나의 도전정신에 대해서 격려의 말을 해주었다. 그 이후로 나는 좀 더 적극적으로 다독을 하기 위한 기술들을 찾기 시작했다. 1일1독을 완성해갔다.

300일 1일1독 프로젝트 key point 6

책을 읽으니 꿈이 그려진다

01 스스로에게 자부심을 가져라

02 책읽기는 블록 쌓기처럼 상상력이다

03 1일1독으로 꿈을 잃은 직장인을 꿈꾸게 만들어라

04 당신의 꿈을 타인에게 당당하게 말하라

05 단순하게, 무식하게, 지속적으로 도전하라

07

책읽기로
내 안의 거인을
깨워라

당신의 잠재력을 깨워라!

'목표는 1만 권이다.'

이 세상에 있는 책을 모두 한번 읽어보고 싶다는 생각으로 세운 목표다. 이렇게 마음먹고 나니 '그럼 어떻게 책을 읽지?' 하는 생각이 들었다. 10년간 읽으려고 해도 하루에 2.7권을 읽어야 한다. 54살을 살아오면서 1년 평균 6~7권의 책을 읽었다. '300일 1일1독 프로젝트' 초기에는 하루에 2.7권을 읽어야 한다는 생각에 머리가 복잡해졌다. 온갖 안 된다는 이유들이 내 머릿속을 꽉 채웠다. 그런데 60일이 지난 지금 그런 생각은 조금씩 없어졌다. 뇌가 받아들이기 시작했다.

나는 직장생활을 하면서 1년에 여러 개의 프로젝트를 진행해왔다. 프로젝트를 진행해오면서 느끼는 것이 있다. 사람의 생각에 따라 이미 프로젝트의 성패가 결정난다고 생각한다.

'전 세계적으로 워너크라이 발생! 긴급한 대처가 필요!'

이런 일들이 종종 발생한다. 해커들이 전 세계 국가와 기업들을 상대로 돈을 요구하거나 서비스에 치명적인 영향을 주기 위해서 다양한 악성코드로 공격을 한다.

모든 팀장들이 모이고, 대책을 논의한다. 운영하고 있는 장비의 룰셋들을 다시 점검하고 분석한다. 신속한 대응이 필요하며, 시간이 생명이다. 뚫는가 뚫리는가의 싸움에서는 먼저 핵심을 이해하고 방어체계를 만들면 뚫리지 않는다. 이런 촌각을 다투는 싸움에서 소집되어 모인 팀장들의 의견은 보통 2가지로 나뉜다.

A팀장은 일의 신속성을 재빠르게 눈치채고, 무슨 일을 할지 능동적으로 답을 찾으려고 한다. B 팀장은 상황파악이 안돼서, 꼭 지금 해야 하는지 나중에 하면 안 되는지 등 현재의 안락한 상황에서 빠져 나오기를 두려워한다. '사람이 없다', '예산이 없다', '우리는 그런 기술을 가지고 있지 않다' 등 갖가지 이유를 대기 시작한다. 이유가 많은 사람의 목적은 간단하다. 일을 하지 않았으면 좋겠다는 쪽으로 설득을 하려고 하든지, 최소한으로 일을 처리하려고 한다.

우리의 뇌는 항상 안락함을 찾는다. 기존에 하지 않던 일이 갑자기 발생하면 우선 그 상황을 모면하기를 원한다. 또는 대충 처리하고, 나중에 시간이 있을 때 하기를 원한다. 처음 '300일 1일1독 프로젝트'를 시작하려고 하는 나의 뇌도 똑같았다. 갖가지 이유를 대면서 오늘이 아니라 내일 하자고 나에게 달콤한 악마의 유혹을 계속했다. 결국 나는 1월 1일에서 이틀이 지난 1월 3일부터 책읽기를 시작했다.

일반적인 정신상태를 가지고 책읽기를 한다고 하면, 현재 나의 상황을 깰수가 없다고 생각했다. 극단적인 처방이 필요하다고 생각했다. 독서량을 늘리기 위해서는 스몰스텝을 가지고 단계적으로 접근하는 방법이 현실적이다. 실패를 줄일 수 있는 방법이다. 누구나 인정한다.

그런데 나는 좀 더 급진적인 방법인 빅스텝을 사용하기로 했다. 나의 목표가 지금 책 읽는 수준의 백배인데, 현실적인 방법으로 접근하는 것은 목표를 포기하겠다고 생각하는 것과 같다. 내가 직장생활하면서 임원까지 달 수 있었던 핵심은 헝그리 정신, 열정과 실행이다. 내가 가지고 있는 상황에 언제나 만족하지 않고 최선을 찾으려고 노력한다.

어차피 내 삶의 가장 큰 도전이다. 일반적인 방법이 아닌 특별한 방법으로 가자. 업무시간 이외의 모든 시간을 책읽기 하자. 시간, 장소, 공간을 리디자인 하자. 내 안에 아주 깊숙이 잠자고 있는 달란트를 깨우자.

54년간 한 번도 도전해보지 않았던 영역이니 만큼 좀 더 강한 충격이 필요하다. 내 안의 책읽기 달란트는 철옹성으로 갇혀져 있었다. 이 철옹성을 깨기 위한 강력한 파워가 필요하다. 토르의 핵망치 정도면 가능할 것 같았다. 토르의 핵망치로 삼은 것이 '불광불급'이다.

'지금 내게 필요한 것은 미치지 않으면 달성할 수 없다는 각오다! 내가 바뀌지 않으면 세상의 어떤 것도 바꿀 수 없다!'

　　　　　1일1독의 힘

1일1독을 통해 내 안의 오감을 깨워라!

4월의 어느 일요일 아침, 주중에는 새벽에 일어나는데, 오늘은 좀 늦잠을 잤다. 그날따라 몸이 너무 피곤했다. 와이프의 부르는 소리가 들렸다.

"아침 먹어요!"

나는 눈을 비비면서 일어나 거실로 가서 식탁에 앉았다. 와이프는 애처로운 눈빛을 보내면서 괜찮냐고 물어봤다. 피곤해하는 나를 보면서 와이프는 "식사하고 아침 산책 가자!"고 한다. 나도 오랜만에 밖에 나가고 싶어졌다. 그동안 '300일 1일1독 프로젝트'를 한다고 2달이 넘게 주말에도 밖에 나가지 않았기 때문이다.

마스크를 챙기고 탄천으로 갔다. 사람들이 별로 없었다. 코로나로 인해 사람들이 사람들과 마주치는 것을 불안해했다. 많은 사람들이 밖으로 나오지 않아서 산책로는 한적했다. 날씨는 그야말로 대박이었다. 너무도 깨끗한 하늘과 약간 추웠지만 오히려 그 싸늘함이 상쾌할 정도였다.

산책로에 나무들과 풀들이 자라고 있었다. 초봄이어서 풀들과 이끼들은 이미 바닥 저 깊은 곳에서 꿈틀거리며 색깔을 바꾸고 있었다. 갈색의 땅은 푸

른색으로 변해 있었다. 신기했다. 생명이 꿈틀거림이 느껴졌다. 아침 태양으로부터 나오는 강렬한 햇볕들이 모든 산책로를 환하고 신비롭게 만들었다. 세상이 빛이 났다. 뭔가 새로운 느낌이 마음속에서 막 솟아나기 시작했다. 이 멋진 세상에 내가 있는 것이 고맙고, 기뻤다. 내 옆에서 조잘거리는 와이프가 있다는 것이 너무도 행복하게 느껴졌다.

나무, 잎사귀, 바람, 하늘, 태양, 새소리, 졸졸졸 흐르는 냇물소리, 이 모든 것들이 신의 축복으로 느껴졌다. 나의 오감이 확 깨어나는 느낌이 들었다. 나는 내가 이렇게 오감을 생생하게 느끼는 사람이라는 것을 지금까지 몰랐다. 아니, 알았다고 해도 표현이 서투르거나 자세히 관찰하지 않았기 때문에 그냥 지나쳤다.

'300일 1일1독 프로젝트'를 하면서부터 뭔가 내면에서부터 사물을 다르게 보려는 생각이 입력되고 있었다. 아니, 사물을 다르게 보려고 노력했다. 내 안의 모든 것을 이용해서 새로운 것을 만들려고 했다. 내가 가지고 있는 있음의 세상과 긍정의 세상을 깨워서 새로움을 찾고 싶다는 생각이 점점 커졌다.

'감사하고, 감격하고, 감동하고, 감응하고, 감명하라!'

300일 1일1독 프로젝트 key point 7

300일 1일1독으로
당신 안의 거인을 깨워라

01 뇌의 안락함을 쫓아내라

02 불광불급의 생각으로 '300일 1일1독 프로젝트'를 추진하라

03 당신이 이 멋진 세상에 있음에 고마워하라

04 세상에 오감하라(감사하고, 감격하고, 감동하고, 감응하고, 감명하라!)

1장. 왜 지금 책을 읽어야 하는가?

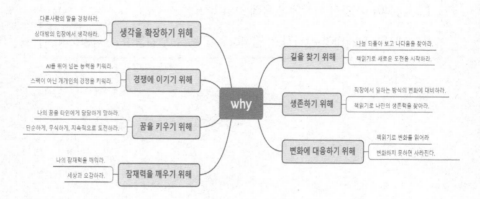

다른사람의 말을 경청하라.
상대방의 입장에서 생각하라.
생각을 확장하기 위해

AI를 뛰어 넘는 능력을 키워라.
스펙이 아닌 개개인의 경쟁을 키워라.
경쟁에 이기기 위해

나의 꿈을 타인에게 당당하게 말하라.
단순하게, 무식하게, 지속적으로 도전하라.
꿈을 키우기 위해

나의 잠재력을 깨워라.
세상과 오감하라.
잠재력을 깨우기 위해

why

길을 찾기 위해
나를 되돌아 보고 나다움을 찾아라.
책읽기로 새로운 도전을 시작하라.

생존하기 위해
직장에서 일하는 방식의 변화에 대비하라.
책읽기로 나만의 생존력을 찾아라.

변화에 대응하기 위해
책읽기로 변화를 읽어라
변화하지 못하면 사라진다.

상상낙서장

나는 20여 년 동안 회사생활을 해왔다. 회사는 개인의 경쟁력을 필요로 한다. 내가 회사생활을 하면서 느꼈던 회사에서 개인의 경쟁력을 키우기 위해서 필요한 것을 무엇일까? 바로 8가지 경쟁력이다. 첫째는 상상력이다. 둘째는 사고력이다. 셋째는 문제해결력이다. 넷째는 통찰력이다. 다섯째는 주도력이다. 여섯째는 의사결정력이다. 일곱째는 질문력이다. 여덟째는 차별화이다. 위 8가지 경쟁력은 회사생활에서 당신을 타인과 완전히 차별화 시켜줄 수 있는 무기들이다. 2장은 1일1독을 하면 얻게 되는 이러한 경쟁력에 대해서 알려줄 것이다. 이런 경쟁력을 사용해서 성공하는 직장인이 되라!

1일1독의 힘, 8가지 경쟁력

창의력은
어디로부터 오는가? :
상상력

책읽기는 상상력을 풍부하게 한다

나는 상상력이 너무도 없었다. 회사 다니면서 많은 상상력 교육을 배웠지만 잠시뿐이었다. '그래, 이렇게 하면 상상력이 커질 거야!' 하고 생각했고, 그때뿐이었다. 지속적으로 이어가질 못했다. 돌이켜 생각해보면 내 자신이 너무 무지했다. 지속적인 프로세스가 있는 인풋(input)이 없는 데, 막연하게 상상력이 생길 것이라고 착각을 했다.

지식창고인 책을 지속적으로 읽어야 상상력이 생긴다. 지속적인 인풋이 있어야 당신의 재능 그릇에 상상력이 쌓인다. 축적의 시간이 지나고 임계치를 넘으면 그 그릇 위로 상상력이 넘쳐날 것이다.

상상력은 전염이다! 당신의 상상력과 60억 인구의 상상력이 결국 세상의 미래를 만들어간다. 좋은 상상을 많이 하면 할수록 세상은 멋진 일로 가득 찰 것이며, 나쁜 상상을 많이 하면 할수록 세상은 병들어갈 것이다. 과학자들이 예측이라고 하는 것은 상상으로부터 출발한다. 논리와 수에 의해서 입증되는 과학은 한계가 있다. 과학은 인간의 몸을 벗어나지 못한다. 그러나 상상은 논리적이지도 한계를 가지고 있지도 않다. 새로움만이 있을 뿐이다. 어디든 날개를 달고 날아서 그 종착역을 알 수 없는 새로움을 찾을 수 있다. 이러한 미지의 새로움이 또 다른 당신을 만들고 세상을 만들어간다.

창의력은 어디서 오는가? 상상력에서 온다. 신이 인간에게 부여한 가장 강력한 마법의 도구가 상상력이다. 사람은 무엇이든 상상할 수 있고 만들어갈 수 있다. 한 사람 한 사람이 인생을 살아가면서 배우고, 발견하고, 느끼는 경험, 지식, 깨달음의 양은 숫자로 정량화할 수 없는 무한한 것이다. 이 모든 양을 데이터로 산정할 수 없다. 사람들이 일상에서 하고 있는 일을 단 하루만 데이터로 모두 바꾸어도 테라바이트의 데이터가 만들어진다. 한 사람이 죽으면 도서관 하나가 불타 없어진다는 말은 과장이 아니다.

일본의 사카이 교수에 따르면, "능동적인 독서가 훌륭한 두뇌를 만든다. 언어 능력은 창의력을 기반으로 한다. 말하기와 쓰기를 잘하면 하면 창의력을 키울 수 있다."고 주장한다. 그는 "사람들이 상상력을 발휘하기 위해서는 생각을 할 여유가 필요하다."고 했다. (참고자료 : "독서가 밥 먹여준다. 과학으로 증명됐다" 〈이투데이〉, 2018.11.6.일)

책읽기는 우리의 뇌를 발전시켜 더 큰 깨달음을 얻게 해준다. '300일 1일1독 프로젝트'는 생각하는 힘을 만들어준다. 우리는 여러 매개체를 통해서 생각하는 방법을 배운다. 우리 눈을 통해서 들어오는 모든 것은 뇌에서 판단하고 저장한다. 더 자세히 보면 눈뿐만이 아니라 육감을 통해서 들어오는 모든 정보를 우리 뇌는 판단하고 저장한다.

책읽기는 눈으로도 할 수 있고, 귀로도 할 수 있고, 감각을 통해서도 할 수 있다. 우리가 느끼는 모든 감각을 통해서 뇌는 정보를 받아들인다. 이러한 정보가 우리 뇌에 저장되고 축적되면서 지속적으로 들어오는 다양한 정보와 융합작용을 통해서 당신의 초자아를 만들어간다.

책읽기는 새로운 세상을 창조한다

직장에서 가장 중요한 것이 일에 의미를 찾는 것인 것처럼, 삶에서도 가장 중요한 것이 삶의 의미를 찾는 것이다. 당신은 매일 1일1독함으로써 삶의 의미를 찾는 과정을 더 쉽게 걸어갈 수 있다. 1일1독을 하면 질문과 호기심이 많아진다. 질문과 호기심을 바탕으로 당신 삶을 창조할 때 새로운 의미가 생겨난다. 네빌 고다드의 『상상의 힘』에 보면 다음과 같은 문구가 나온다.

"진리의 세상을 만드는 것은 외적인 사실에 의해서 결정되는 것이 아니라 상상을 얼마나 강렬하게 하는가에 달려 있습니다. 우리가 처한 현실은 상상력을 올바르게 사용했는지, 아니면 잘못 사용했는지를 그대로 보여줍니다. 우리는 우리가 상상한 대로 됩니다. 우리 인생의 역사를 결정하는 것은 바로 우리 자신입니다. 상상력이 곧 길이자 진실이며, 우리 눈에 나타나는 삶입니다."

호기심을 가지고 세상을 봐라! 세상은 언제나 열려 있고, 당신에게 귀 기울일 준비가 되어 있다. 당신이 닫고 사는 것이지 세상이 당신에게 문을 닫은 것이 아니다. 당신이 가지고 있는 마법의 도화지는 상상력이라는 붓을 가지고 언제든 멋진 그림을 그릴 준비가 되어 있다. 당신은 그 도화지가 당신 안에 있는지도 모르고, 심지어는 그것이 무엇인지도 모르는 경우가 많다.

당신 삶이 가지고 있는 상상력의 붓을 끌어내라! 그리고 무엇이든 당신이 원하는 것을 그려라! 당신이 상상하는 대로 세상은 이루어진다. 당신의 생각을 속박하지 마라! 마치 고삐 풀린 말처럼, 미친 듯이 대평원을 질주하는 천

리마처럼 당신의 생각을 가두지 마라! '논리적'이라는 말에 갇혀 있지 마라! 비논리가 논리를 뛰어넘는다. 더 훌륭한 결과를 만든다. 세상이 마음속에서 재정렬되고 또 다른 세상이 마음속에 생겨난다. 수백 개, 수천 개의 세상이 당신의 마음속에 생겨난다. 그냥 놔두어라. 수십, 수백 차원의 세상이 당신의 머릿속에 생겨난다. 책읽기를 통해서 점으로 만들어졌던 생각들이 점에서 선으로, 선에서 면으로, 면에서 입체로, 입체에서 공간으로 시간을 넘어 아무도 닿을 수 없고 경험하지 못했던 세상을 창조할 것이다.

1일1독을 위한
생각의 프레임을
만들어라 :
사고력

생각의 프레임을 혁신하라

플라세보는 라틴어로 "기쁨을 주다." 혹은 "즐겁게 하다."라는 뜻이다. 의사가 효과가 없는 가짜 약이나 치료법을 환자에게 진짜인 것처럼 제안하면, 환자는 이것을 믿고 병세가 호전된다. 이를 플라세보 효과라고 한다. 이 효과가 주는 메시지는 의미가 크다. 아무리 아픈 사람도 즐거운 생각을 하는 것만으로도 치료가 된다. 또한 정상적인 사람도 부정적인 생각을 가지게 되면, 얼마든지 몸을 망치게 된다. 우리는 누구나 생각의 프레임을 가지고 살고 있다. 이 생각의 프레임을 어떻게 바꾸느냐에 따라 병도 고칠 수 있고, 없는 병도 만들 수 있다. 우리가 원하는 것을 이룰 수 있다.

　나는 '300일 1독 프로젝트'를 시작하기 전에는 매년 12권 책을 읽는다고 목표를 정했다. 적어도 한 달에 한 권 정도 읽겠다는 생각으로 목표를 정했다. 매년 그렇게 해왔기 때문에 문제의식 없이 당연히 그렇게 하면 된다고 생각했다. 나는 내 스스로에게 '12권 책읽기'라는 한계를 정했다. 나는 이 한계에 대한 도전을 생각해본 적이 없다. 뛰어 넘기 위한 어떠한 도전도 생각해보지 않았다. 내 생각의 프레임 속에 갇혀 있었기 때문이었다. 스스로 생각의 프레임을 바꾸려고 하는 생각 그 자체가 매우 중요하다. 책을 읽는 권수에 한계를 정할 필요가 없다. 당신이 1만 권의 책을 읽겠다고 생각하는 순간 당신의 뇌는 당신의 한계를 뛰어 넘을 준비를 하고 있다. 당신은 습관이라는 트리거를 통해서 책읽기 한계를 뛰어넘으면 된다.

책읽기 한계를 뛰어 넘어라

　나는 책읽기에 대한 스스로의 프레임을 완전히 깼다. 새로운 자신을 만들어가고 있다. '300일 1일1독 프로젝트'를 하겠다는 생각의 프레임으로 어떻게 바꾸었는가? 내가 한 몇 가지 방법을 소개한다.

1. 절박함을 만들어라.

내 상황에 대한 절박함이 없이는 어떤 것도 이룰 수 없다. 나는 직장에서 많은 것을 배웠다. 과장 시절에 만난 상사가 내게 알려준 것 중에 하나는 헝그리 정신이다. 헝그리 정신이 없었다면 나는 직장생활을 포기했을 수도 있었다. 대부분의 직장인들이 회사생활을 수동적으로 하는 이유는 매일 같은 일이 반복된다고 생각하기 때문이다. 사람들은 편한 것을 좋아하고 안락함을 찾는다. 편하면 편할수록, 안락하면 안락할수록 더 빠져든다. 이런 행동을 경계하게 만드는 것이 헝그리 정신이다. 자기 자신을 자극하고 도전하지 않으면 도태될 수밖에 없는 것이 경쟁사회이다. 직장도 마찬가지이다. 내가 이미 충족하고, 다 갖추어져 있다고 생각하는 순간이 최고로 위험한 상태이다. 이럴 때 바로 사사로운 방심으로 사건 사고가 발생하고 나락으로 떨어지는 경우가 많기 때문이다.

시스템을 관리하다 보면, 공통적인 특징이 있다. 시스템은 정직하다. 그리고 사람이 실수하지 않으면 시스템은 실수하지 않는다. 대부분의 실수는 어떤 때 발생하는가? 연말연시, 휴가 기간, 주말이나, 휴일에 발생한다. 사람들의 정신상태가 해이해지기 때문에 아주 사소한 실수가 대형 사고를 이끄는 경우가 대부분이다. 시스템을 오래 관리하다 보면 사전에 징후를 찾는 것이 얼마나 중요한지 깨닫게 된다. 몇 개의 징후가 발생하고 있다는 것은 '눈에는 보이지 않지만 무엇인가 이슈가 있다.'는 이야기이다. 이 단계에서 신속히 원인을 규명하고, 제거하지 않으면 대형사고의 단초가 될 수 있다. 결국 문제는 시스템이 아니라 방심한 사람이다.

2. 스몰스텝보다는 빅스텝으로 접근하라.

우리는 대부분 일에 대해 접근할 때, 2가지 방식을 사용한다. 단계적 접근 방식이나 아니면 빅뱅방식의 접근이다. 두 가지 다 장점과 단점이 있다. 대기업에서는 빅뱅방식을 선호하기 어렵다. 워낙 변수가 많기 때문에 한번 잘못해서 프로세스를 완전히 바꾸면 되돌리기 어렵다. 그래서 스몰스텝 방식으로 프로세스를 바꾸는 경우가 대부분이다. 하지만 나의 책읽기 도전은 스몰스텝 방식으로는 한계가 있었다. 일주일에 한 권, 한 달에 한 권, 1년에 50권을 읽어서는 목표를 달성할 수 없었고, 이러기에는 나의 물통에 너무 물이 없었다. 물통을 채우고 채워야 물이 넘칠 수 있는 데, 양적으로 그동안 읽은 책의 권수가 너무 적었기 때문에 물을 넘치게 할 수 있는 강력한 처방이 필요했다. 그래서 '300일 1일1독 프로젝트'를 진행했다.

3. 목표를 1배가 아닌 100배로 늘려라.

회사에 있다 보면 목표설정이 중요하다. '어떤 목표를 설정했는가?'에 따라 결과가 다르게 나오기 때문이다. 성과라고 하는 말 자체가 목표가 없이는 존재할 수 없다. 정량적이고 정성적인 부분을 포함해서 기존에 설정한 값 대비 달성한 값을 성과라고 보면 된다. 어떤 이는 초과달성을 할 수도 있고, 어떤 이는 목표에 미달할 수도 있다. 임원의 성과는 목표에 의해서 측정되기 때문에 목표가 정해지면 무슨 일이 있어도 목표를 달성해야 한다. 임원은 불가능을 가능하게 해야 한다. 'Impossible'이 아닌 'I'm possible'이 이들의 신조이다. 목표를 완전히 새롭게 할 때 우리는 새로운 방식으로 문제를 해결하려고 노력한다. 기존의 방식으로 200% 달성하면 매우 잘 한 것이지만 그 이상은 기존의 프로세스로 달성하기는 어렵다. 완전히 방식을 바꾸고 새롭게 정의하지 않으면 100배를 달성할 수 없다. '썩어도 준치'라는 말이 있다. 꿈이 커야 100배의 10%라도 달성할 것 아닌가?

4. 안락함을 버려라.

내가 '300일 1일1독 프로젝트'에 도전하면서 가장 아쉬운 점은 무엇이었을까? 와이프의 얼굴이 생각났다. 와이프와 수다를 떨던 시간들이 생각났다. 주중에 보던 드라마와의 이별을 한다고 생각하니 아쉬웠다. 특히 주말에 내가 좋아하는 예능 프로그램인 〈놀면 뭐하니〉, 〈런닝맨〉을 보지 못하고 영화 감상도 하지 못한다고 생각하니 더욱 아쉬웠다. 어느덧 내 삶의 일부가 되어버린 것들이었기 때문이다.

아쉬움을 떠나 어떤 때는 '내가 이렇게까지 살아서 뭐하지?'하는 자괴감까지 생겼다. '내가 여태까지 즐기면서 살아왔던 것을 포기하고 살 수 있을까?' 하는 생각들이 나를 두렵게 만들었다. 그리고 '살살 하자. 천천히 하자.'라는 악마의 속삭임같은 달콤한 감정들이 뇌를 통제하려 했다. 친숙함과 안락함이 나를 유혹하고 있었다.

나는 이러한 안락함들을 절박함으로 모두 쫓아버렸다. 처음 3일, 7일은 유혹에 견디기 어려웠다. 30일이 지나고 60일이 지나면서 기존에 익숙했던 일들보다 책 읽는 시간이 나에게 더욱 안락함으로 다가오기 시작했다. 지금은 책을 읽지 않으면 너무 허전하다. 지금 나의 뇌는 책을 느끼고 있다.

5. 책을 읽어서 의식을 확장시켜라.

책을 통한 의식 확장은 굉장히 중요하다. 그냥 책만 읽는다고 생각이 바뀌지 않는다. 의식을 바꿔야 생각의 틀이 바뀐다. 의식변화와 관련된 책을 읽고 의식변화를 느껴야 한다.

캐나다 요크대학 심리학과 레이먼드 교수의 실험결과에 따르면, "책 속의 캐릭터 활동을 글로 읽었을 때 우리 뇌는 실제 상황으로 인식한다. 뇌는 삶의 직접 경험과 책읽기의 간접 경험을 구분하지 못한다. 뇌는 경험과 지식으로 성장한다. 책읽기를 많이 하는 사람은 신경세포들이 빠르게 연결된다. 또한 새로운 신경망 회로가 더 많이 생성된다."고 말했다.

뇌는 현실과 상상을 구분하지 못한다. 당신이 무엇을 상상하든 뇌는 믿는다. 당신이 변화하고 싶다면 변화했다고 믿어라! 뇌는 당신이 변화를 인정하고 변화된 모습으로 행동하게 한다. 우리가 생각의 프레임을 바꿈에 따라서 얼마든지 생각을 바꿀 수 있다. 당신이 1일1독을 하고 있다고 느끼는 순간 당신은 변화하고 있는 것이다.

300일 1일1독 프로젝트 key point 9

생각의 프레임을 혁신하라 : 사고력

01 절박함을 만들어라

02 빅스텝으로 접근하라

03 목표를 1배가 아닌 100배로 늘려라

04 책읽기로 의식을 확장하라

05 당신이 무엇을 상상하든 당신의 뇌는 당신을 믿는다

책읽기는 문제해결을 위한 필수도구다 : 문제해결력

책은 문제 해결의 도구이다

나는 운이 좋은 사람이다. 나는 회사에서 좋은 상사를 많이 만났다. 상사들은 내가 임원까지 오를 수 있도록 결정적인 역할을 해주었다. 특히 내가 어려울 때 나의 고민 상대가 되어주었을 뿐 아니라 나에게 직장에 대한 생리를 알려주었다.

예전 상사 A는 나의 직장 롤모델이다. 상사 A는 책을 좋아한다. 상사 A는 가끔 좋은 책을 추천해주었다.

"내가 읽어보니 좋은 책인데, 여러분에게 추천합니다. 직장생활에 대한 내용이니 여러분에게 도움이 될 것입니다."

나는 그 당시 대부분 업무용 서적과 재테크 서적을 많이 읽었다. 추천으로 '직장생활 처세 방법'에 대한 책을 처음 읽게 되었다. 나는 그 책을 읽으면서 몇 번이나 '그래 맞아!' 하고 저자의 말에 동감했다. 내가 직장생활하면서 대부분 느꼈던 내용들로 모두 공감되는 말이었다. 나는 내가 다니고 있는 직장과 외국의 직장분위기는 완전히 다른 줄 알았다. 외국 직장의 조직문화는 개방적이고 자유로운 줄 알았으나, 오히려 보수적이었다. 책을 통해서 본 외국의 조직문화도 우리나라 기업들의 조직문화와 별반 다르지 않았다. '사람이 살아가고 조직을 움직이는 방식은 모두 다 비슷하구나!'라고 생각했다.

나는 상사 A가 왜 이 책을 읽으라고 했는지 공감이 되었다. 직원의 입장과 상사의 입장에서 모두 같이 생각해볼 수 있는 책이었다. 이 책은 사석에서는 알려주기 쉽지 않은 직장생활에 대한 기술들을 사례를 들어서 상세하게 설명해주고 있어 도움이 되었다. 그 이후로 직장생활에 대한 기술들이 담겨 있는 책들을 보게 되었고, 직장의 생리를 이해하는 데 도움이 되었다. 내가 직장 생활하는 데 책은 문제해결의 도구가 되었다.

조직은 문제해결자를 원한다!

회사는 고객 중심을 제1의 가치로 생각한다. 고객이 있어야 회사가 존재할 수 있기 때문이다. 고객은 언제나 1순위이다. 고객이 우리 회사 서비스를 왜 좋아하는지, 왜 좋아하지 않는지, 무엇을 좋아하는지, 어떻게 생각하는지를 파악하는 것은 중요하다.

최근 기업들은 한 명의 고객을 0.1명으로 세분화(segmentation)한다. 한 명의 고객은 다양한 니즈를 가지고 있다. 이러한 고객 니즈를 모두 찾아서 서비스를 제공하기 위해 초개인화 서비스를 한다. 고객에 대해 초개인화 서비스를 위해서는 고객 서비스에 대한 문제점을 발견하고 문제를 해결해야 한다.

나는 회사에 있으면서, 책이나 교육을 통해서 문제해결 방법에 대해서 배워왔다. 문제해결은 크게 두 가지 방법이 있다. 여러 직원이 모여서 하나의 문제를 해결하기 위한 방법론과 개인 스스로 문제를 해결하기 위한 방법론이 있다. 여기서는 스스로 혼자서 문제를 해결할 있는 방법에 대해서 구체적으로 설명하겠다.

[문제 해결 프로세스와 사용 툴]

1. 문제정의	2. 문제원인	3. 해결방안	4. 최적안	5. 실행계획
5W1H	Why logic tree	How Logic Tree 5Why	2x2 매트릭스 가중치 방법	5W1H

문제해결을 위해서는 문제가 무엇인지에 대해서 명확히 파악해야 한다. 문제란 현재의 모습과 바람직한 모습의 사이의 갭이다. 즉 차이이다. 쉽게 설명하면, 현재 내 몸무게가 70kg이다. 바람직한 모습은 60kg이다. 늘어난 10kg가 문제이다. 문제가 정의가 되면 문제해결을 위한 툴들을 사용하면 된다.

1. 문제 정의

문제정의는 문제를 잘 정의하는 것이 키 포인트이다. 우리가 목표를 세울 때 현재 모습과 바람직한 모습 사이에서 차이가 발생한다. 두 모습의 차이가 문제이다. 문제정의는 5W1H를 활용한다.

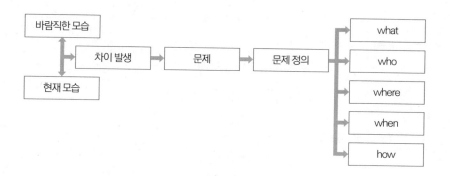

현재모습 : 당신의 몸무게는 70kg이다.

바람직한 모습 : 당신의 몸무게는 60kg이 적당하다.

문제정의 : 몸무게는 10kg가 늘었다. 현재는 70kg인데, 내가 바라는 모습
은 60kg이므로 10kg의 차이가 발생한다. 이 차이가 문제이다.

2. 문제원인

문제원인은 why 로직트리 방법론을 사용해서 문제에 대한을 근본원인을
찾는다. 문제로 정의한 10kg의 몸무게의 근본적인 원인이 무엇인지를 파악
한다. 근본 원인이 여러 개가 나오면 이중에 우선순위 또는 8:2법칙을 사용해
핵심문제를 선정한다. 아래 사례에서는 8개의 문제 중에 '시간 내기 어렵다'
와 '고기가 좋아졌다'가 문제의 핵심원인이다. 이 두 가지 핵심원인을 해결하
기 위한 방법은 다음 프로세스에서 진행한다.

몸무게가 10kg 늘어난 이유는?

운동을 하지 않는다	운동이 귀찮다	시간 내기 어렵다
		운동장소로 가야 한다
	운동이 힘들다	헬스가 맞지 않는다
		조금만 걷고 싶다
음식을 많이 먹는다	스트레스를 받는다	업무가 많다
		예민하다
	음식 양이 늘었다	고기가 좋아졌다
		밥이 맛있어졌다

3. 해결방안

해결방안은 How 로직트리 방법론을 사용해서 핵심문제에 대한 해결방안을 찾는다. 핵심문제로 정의한 '운동하는 시간을 내기 어렵다'와 '고기가 좋아졌다'에 대한 문제에 대한 근본 원인을 찾으면 해결방안도 심플하다. 근본원인이 여러 개이면 해결방법도 여러 개다. 2개의 근본원인에 대한 8개의 해결방안이 나왔다. 그 중 우선순위에 따라 4개를 선택한다. Ⓐ, Ⓑ, Ⓒ, Ⓓ

몸무게 10kg 줄이는 방법

시간 내기 어렵다	잠자는 시간을 줄인다	근력운동을 한다
		달리기를 한다Ⓐ
	여가 시간을 줄인다	산책을 한다Ⓒ
		책읽기를 한다
고기가 좋아졌다	고기를 줄인다	단백질을 먹는다Ⓓ
		콩을 먹는다
	닭가슴살을 먹는다	채소와 같이 먹는다
		탄수화물을 줄인다Ⓑ

4. 최적안

4개의 해결방안 중에서 매트릭스 기법을 사용하여 최적안을 선택한다. 각축의 기준은 상황에 따라 정의한다. 긴급도, 중요도, 노력, 성과 등을 사용한다. 해결방안 4개 항목에 대해서 우선순위를 리스트하고, 최종적으로 해결방안을 2개로 압축한다. 노력대비 성과가 좋은 최적안 'Ⓐ 달리기를 한다'와

'Ⓑ 탄수화물을 줄인다'를 선정한다.

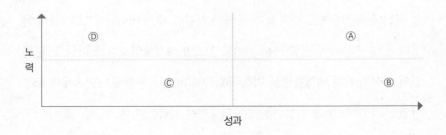

5. 실행계획

실행계획은 5W1H로 작성한다. 10kg의 몸무게를 줄이기 위한 실행계획을 만든다. '달리기를 한다'와 '탄수화물을 줄인다'의 실행계획을 5W1H로 작성해서 실행한다.

	WHY	WHAT	WHO	WHERE	WHEN	HOW
A						
B						

위에서 설명한 문제해결 방법들은 책을 통해서 배운 것들이다. 책에서 배운 것들을 나의 지식과 결합해 나만의 문제해결 방식을 만들었다. 문제해결을 위한 책들만 해도 수없이 많다. 이러한 책들 중에서 당신에게 느낌을 주는 책을 선택하고 배워라. 당신의 문제해결력을 두 세배 이상 올려줄 것이다.

책읽기는 문제해결을 위한 필수도구다 : 문제해결력

01 책은 문제해결의 도구다

02 조직은 문제해결자를 원한다

03 신속한 문제해결을 위해 문제해결 프로세스를 적용해라

① 무엇이 문제인지를 정의하라

② 문제의 근본원인이 무엇인지 찾아라

③ 핵심문제에 대한 해결방안을 찾아라

④ 해결방안 중에 최적안을 선정하라

⑤ 5W1H로 구체적인 실행계획을 만들어라

생각이 바뀌니
삶이 변화한다 :
통찰력

세상 변화의 중심은 당신이어야 한다

왜 기존의 생각을 바꾸어야 하는가?

세상의 절대적인 진리 중에 하나는 모든 사물은 변한다는 것이다. 세상은 언제나 강물의 흐름처럼 도도히 변한다. 폭풍이 휘몰아칠 때는 빠르고 강하게, 햇볕이 내비칠 때는 온화하고 천천히 변한다. 세상의 흐름을 따라가기 위해서 우리도 매일 매순간 변해야 한다. 기존의 관념은 이미 옛것이 된다. 매일 새로운 경험과 생각이 우리에게 다가온다. 당신이 모른 척 한다고 정지하는 것이 아니다. 이러한 변화의 중심은 당신이 되어야 한다. 세상이 되어서는 안 된다. 당신이 이끌고 세상은 따라와야 한다. 삶의 변화는 당신으로부터 시작된다.

책읽기는 변화의 중심에서 당신을 있게 한다. 당신은 다른 책들로부터 통찰력을 얻는다. 한 사람 한 사람마다의 경험이 색다르고, 특별하다. 사람은 모두 특별한 존재이다. '스스로가 특별한 존재임을 깨닫지 못하고 살아가기 때문에 특별하지 않다.'고 생각하는 것이다. 이 세상에 누구도 똑같은 사람은 없다. 쌍둥이들도 모습은 똑같을지 몰라도 쌍둥이가 가지고 있는 근본적인 생각은 모두 다르다. 사람들은 자신만이 가지고 있는 오감을 통해서 모든 사물을 다르게 받아들이고 느낀다. 똑같게 받아들일 수 없다.

어떤 사람은 이렇게 말할 수 있다.

'정도의 차이가 있을 뿐이지, 대부분 똑같이 느낀다!'

정도의 차이라는 가정 자체가 잘못되었다. 당신이 느끼고 있는 감정의 정도와 타인이 느끼고 있는 감정의 정도는 비교가 불가하다. 누군가가 사람들을 인식시키고 그룹핑하고 정량화하기 편했기 때문에 일반화시켰을 뿐이다.

일반화의 오류이다. 일반화가 사람들의 개성을 죽여왔다. 사람들은 개인의 개성을 발견하지도 못하고, 싹부터 잘리면서 살아왔다. 통치자, 위정자, 군자, 절대 권력자들에 의해서 대부분의 사회현상이 일반화되면서 개인이 가지고 있는 소중한 것들은 없어지고 일반적인 특성만 남아버렸다. 이런 과정을 거치면서 우리는 서민이 되었고, 일반인이 되었다. 개인의 독특함, 창조성, 차별성은 모두 잊혀져왔다.

책을 읽는다는 것은 어떤 것인가? 우리가 그동안 잊고 있던 것을 찾는 과정이다. 누군가에 의해서 일반화되어 특별한 존재가 아닌 일반적인 존재로 인식되어 왔던 것을 새롭게 찾아가는 과정이다. 나는 '300일 1일1독 프로젝트'를 진행하면서 내 자신에게 물어보는 시간이 많아졌다. 내 자신을 알아가고 있다는 것을 절실히 느꼈다. 사람들은 자기 자신을 찾아가는 과정 속에서 수많은 책들을 만들 것이다. 이러한 책들은 다시 후세에 전해지면서 커다란 지적자산을 만들어갈 것이다. 사람들은 이 어마어마한 지적자산들을 중에서 극히 일부만 깨닫는다. 극히 일부만 실천해도 우리는 성공하는 사람이 될 수 있다. 대부분의 사람들이 생각은 쉽게 할 수 있다. 그러나 행동하지 않는다. 생각과 행동은 별개의 산출물이다. 생각과 행동이 일치하는 사람들이 세상을 바꾼 사람들이다.

MS의 설립자 빌 게이츠는 "독서 습관이 성공의 핵심 요소다."라고 하면서

"사람이 배우는 것을 멈추면 늙는다. 모든 책은 새로움을 주거나, 다르게 생각하게 한다. 독서는 세상에 대한 즐거움과 호기심을 키워준다."고 말했다. 그는 독서를 통해서 행동을 바꾸고 성공한 세계최고의 부자 중에 한 명이다.

책읽기로 본능을 깨우고 기존의 고정관념을 깨뜨려라

'300일 1일1독 프로젝트'는 본능을 깨우고 기존의 고정관념을 깨뜨린다. 새로운 것을 이해하고 받아들일 수 있게 한다. 사람들은 기존에 '안돼!'라는 고정관념에 사로잡혀 있다. 이를 깨뜨릴 수 있는 유일한 방법을 생각을 바꾸는 것이다. '된다'로. 책을 읽을수록 감정을 통제할 수 있게 되고, 삶에 여유가 생기고 윤택해진다. 복잡한 업무로 머리가 깨질 것 같은 상황에서 잠시 생각을 떠나, 책을 읽으면 머리가 맑아지면서 새로운 생각이 떠오른다. 통찰력이 생긴다. 삶이 변화한다.

즐거운 음악에 맞춰 몸을 흔들어보자. 온몸의 세포들이 살아 숨쉰다. 깊숙이 잠자고 있는 본능이 깨어난다. '나도 음악에 맞춰 즐길 수 있구나!' 하는 생각이 든다. 결혼 이후로 춤을 추어본 적이 없다. 가끔 와이프와 손잡고 댄스를 추는 것 이외는 느낌대로 춤을 춘 적이 별로 없었다. 내 본능이 철저히 죽어 있다는 생각이 들었다.

'왜 이렇게 본능이 죽어 있었을까? 무엇 때문에 원초적인 즐거움을 잊은 채 살아왔을까?'

먹고 살기 바쁘다는 핑계로 나 자신에 대해서 생각해보지 않았다. 책을 읽고 더 많은 경험을 했어야 했다.

2006년 스페인 연구자들은 "커피향이 좋다."와 같은 문장을 읽을 때는 뇌의 후각 피질 영역이, "파블로가 공을 찬다."와 같은 문장을 읽을 때는 뇌의 운동 피질 영역이 활성화된다는 것을 발견했다. 우리는 이것을 통해서 독서 자체가 우리의 감각 능력을 발달시킨다는 것을 알 수 있다. (참고자료 : "본래 산만 했던 인간의 뇌, 책 안 읽으면 원시인처럼 된다", 〈중앙일보〉, 2019.2.25.일)

'300일 1일1독 프로젝트'를 수행한 지 80일이 지나고 있다. 이 프로젝트는 나의 삶에 변화를 만들었다. 아주 사소한 일상에서 행복을 깨닫고 있다. 나의 잠자고 있던 본능을 깨웠다.

나는 아침 시간에 무조건 글쓰기를 하고 있다. 글쓰기 책의 한 문장이 나의 가슴에 와 닿았다.

"글을 잘 써서 글을 쓰는 것이 아니라, 무조건 글을 쓰니 글을 잘 쓰게 되었다."

어려서 이후 글쓰기를 해본 적이 없다. 글쓰기는 나의 영역이 아니라고 생각했다. 무조건 어렵다는 감정이 앞섰다. 이제는 바뀌고 있다. 뭔가 나를 표현하고 싶어졌다. 색다르게 표현하고 싶기도 하고, 간결하게 표현하고 싶기도 하고, 감동으로 나를 표현하고 싶기도 하다. 글을 쓰는 것이 편해졌다.

'300일 1일1독 프로젝트'를 하기 이전의 나는 무엇을 봐도 즐겁거나 흥미롭지 못했다. 오직 목표만 바라만 보고 살아온 결과이다. 목표는 나의 잠재의식 속에 잠자고 있는 에너지를 깨운다. 나는 내 속에 잠재된 에너지를 깨우기 위한 수많은 노력을 해왔다. 성공이라는 큰 목표만 바라보고 달려왔다.

'300일 1일1독 프로젝트' 이후부터는 달라지는 것을 느낀다. 아주 사소한 것부터 행복감을 느끼고 만족하고 있다. 내가 정말로 좋아하는 것이 무엇인지 스스로 찾으려고 한다. 나는 내가 가지고 있는 모든 것을 즐기고 감사하고 있다. 당신이 가지고 있는 것을 진정으로 감사할 때 당신의 삶은 새롭게 변화한다. 통찰력의 깊이를 더해간다.

1일1독 하는 사람은 1%가 다르다 : 주도력

내 삶의 사명, 비전, 목표를 뚜렷이 하라

나는 어느 순간부터 꿈을 잃어버리고 살았다. 꿈이라고 하면 오랜 기간 내가 방향성을 가지고 도전하는 이상적인 삶을 말한다. 고등학교 때는 대학을 가는 것이 꿈이었고, 대학 때는 좋은 직장을 가는 것이 꿈이었다. 꿈이라기보다는 단기 목표에 치중했다. 인생을 왜, 무엇을 하며 살아야 하는지보다 어떻게 살아야 하는지에 초점을 두고 살다 보니 꿈이 없었다.

80년대에는 좋은 대학 나와서, 대기업 들어가고 대기업에서 월급 받다가 정년에 은퇴하면 된다고 생각했다. 더 이상의 꿈도 그 이하의 꿈도 생각해본 적이 없다. 왜 꿈을 잃어버리고 살았을까? 나는 지금 하고 있는 일에 쫓기다가, 보다 더 넓은 세상을 생각해볼 마음의 여유가 없었던 것이다.

'300일 1일1독 프로젝트' 100일이 지나면서부터 나에게 꿈이 생기기 시작했다. 내 삶의 비전과 목표가 뚜렷해지기 시작했다. 처음에는 내 비전과 목표를 말하는 것조차 창피했다. 이유는 잘 모르겠다. 왜 내 비전과 목표를 말하는데 숨겨야 했는지를. 다양한 자기계발 서적을 읽고, 성공한 사람들의 모델을 보면서 나도 할 수 있다는 자신감을 갖게 되었다. 책으로만 읽고 끝나는 이야기가 아니다. 현실에 적용하고 실행시켜야 한다. 성공을 쟁취해야 한다. 이를 위해서 나는 우선 '나의 비전'과 '나의 사명서'를 만들었다.

나의 비전 : 모든 사람들의 다양성을 존중하고, 행복한 영감을 일으킨다.
나의 사명서 : 나는 1만권의 책을 읽어 내 삶을 변화시키고, 시간을 창조한다. 100권의 책을 쓰고, 사람들에게 행복한 영감을 제공함으로써 성공을 하도록 돕는다.

1. 대상 : 내 책을 읽는 사람들
2. 언제 : 2030.12.31.까지

3. 무엇 : 직장에서 힘들어 하는 사람들에게 영감을 제공하거나, 어려운 점을 해결해준다.

또한 나는 매일 매일 긍정적 생각을 불러일으키기 위해서 버킷리스트를 아래와 같이 만들어서 관리하고 있다.

1. 버킷리스트는 엑셀 파일로 만든다.
2. 영역을 선정하고, 영역별로 20개씩, 80가지 하고 싶은 일을 적는다.
   영역을 가족, 건강, 회사, 성공으로 구분한다.
3. 작은 목표들을 적는다.
   큰 목표만 적으면 적을 것이 없다. 상세하게 작은 목표들을 적다 보면 자연스럽게 하고 싶은 목표들이 떠오른다.
4. 구체적이고 생생하게 적어야 한다.
5. 내가 매일 볼 수 있도록 방에 붙여 놓는다.

나는 이렇게 '나의 비전', '나의 사명서', '버킷리스트'를 이미지화함으로써 좀 더 생생하게 나의 목표와 미래에 대해서 현실화시켰다. 내가 회사의 직원들과 이야기해봐도 이렇게까지 구체적으로 자기의 비전, 사명서, 버킷리스트를 가지고 있는 직원은 별로 없었다. 아마도 이러한 내용을 다루고 있는 자기계발 분야의 책들은 따분한 공자님 말씀이라는 선입견을 가지고 있는 것 같다.

나는 이러한 편견을 깨고, 책읽기가 주는 효과를 믿게 하고 실행하게 하는 것이 나의 사명이라고 생각해서 이 책을 쓰게 되었다.

책을 통해서 다른 사람의 눈으로 세상을 봐라

나는 자기관리를 열심히 하고 있다. 매일 아침 새벽 4시에 일어난다. 운동하기, 명상하기, 책읽기 등 새벽 시간을 잘 활용하려고 노력한다. 신입사원 시절부터 일찍 출근하기 위해 일찍 일어났지만, 임원이 되면서 부터는 좀 더 철저히 스스로를 관리하기 위해 새벽 4시에 일어난다. 이 습관은 4년 정도 되었기 때문에 이제는 내 몸에 완전히 적응이 되었다.

습관은 뇌에서 시작하지만 뇌가 편안함을 느끼게 되면 그때부터는 몸이 반응을 한다. 뇌는 가끔 아침에 일어나는 것을 싫어한다. 그러나 나의 몸이 반응한다. 내 몸에 있는 세포가 깨어나기 시작하기 때문에 뇌가 몸을 따라간다.

새벽 알람이 울린다. 몸이 반응한다. 재빠르게 일어나서 알람을 끈다. 알람을 끄면서 어떤 때는 다시 이불속으로 들어갈까 하는 달콤한 유혹이 뇌로부터 온다. 이 순간을 극복하지 않으면 이불속으로 다시 들어가게 된다. 과감하게 유혹을 뿌리친다. 안방 문을 박차고 거실로 나온다. 이렇게 되면 50% 성공한 것이다. 거실까지 나왔다가 다시 안방 이불속으로 들어가는 경우는 거의 없다. 거실에 나오면 가장 먼저 하는 일이 있다. 아침에 따뜻한 물을 한잔 마시는 것이다. 집에 있는 정수기로부터 240mm 정도의 물을 받는다. 시원하게 들이킨다. 정신이 좀 더 맑아지기 시작한다.

그러면서 잠옷을 벗고 운동복으로 갈아입는다. 운동하기에 편한 복장을 홈 자전거에 걸어 놓는다. 새벽운동에서 중요한 것은 사전에 이미 준비되어 있어야 할 것들이 제자리에 있어야 한다. 60분 만에 운동을 끝내야 하기 때문에 이것저것 찾으려고 하면 운동을 제대로 할 수가 없다. 나는 내 방식대로 10가지 운동 프로그램을 만들었고, 지속적으로 해오고 있다. 이 운동을 하면서, 나는 몸을 만들어가고 있다. 새벽운동을 하게 되면 하루 시작이 언제나 즐겁고 신난다. 얼굴에 미소를 지을 수 있다.

또한 이렇게 마음과 몸을 상쾌하게 만들 수 있는 것은 명상 때문이다. 나는 아침에 운동을 하면서 자기 암시를 같이 한다. 핸드폰으로 조용히 들을 수 있는 명상음악을 틀어 놓는다. 아름다운 피아노 선율이 거실에 울린다. 온갖 종류의 새소리, 바람소리, 숲 소리가 들린다. 이런 음악을 들으면서 자기 암시를 하면 하루가 너무도 상쾌해진다.

나의 암시 :
- 오늘도 저에게 멋진 하루를 주신 하나님께 감사드립니다.

- 나는 오늘도 최선을 다해서 살겠습니다.

- 오늘 당장 죽어도 아쉬움 없이 한순간도 낭비하지 않고 살겠습니다.

- 어제보다 나은 오늘을 만들어가겠습니다.

- 나의 기도는 이미 이루어졌습니다.

- 행복합니다.

- 감사합니다.

- 사랑합니다.

가끔 직원들을 보면 안타까운 경우가 있다. 늦잠을 잤는지, 술을 많이 먹었는지, 너무도 부스스한 모습으로 출근을 한다. 스스로 잠을 깨기 위해서 출근하자마자 커피부터 마신다. 카페인이 들어 있는 커피를 아침부터 통째로 한 잔 마신다. 아침에 자기관리를 위해 시간을 투자한다면 평생 경쟁력을 가질 수 있을 텐데, 하는 아쉬움이 든다.

링컨은 말했다.

"책은 모든 사람에게 기회를 주며, 책의 능력을 내 것으로 만드는 사람이 인생의 주인공이 되고 세상을 변화시킨다."

당신은 당신 삶의 주인으로 살아야 한다. 책을 통해서 다른 눈으로 세상을 봐라. 세상은 온통 배울 것 천지이다. 성공한 사람들은 책을 읽고 책을 쓴다. 자기의 겪었던 멋진 경험들이 사장되는 것이 너무도 아쉽기 때문이다.

1일1독 하는 사람은 뭐가 다를까? 3가지는 확실히 다르다.

1. 자기 삶에 대해서 자기가 주도한다. 자기가 인생의 주인공이다.
2. 자기관리가 철저하다. 누구에게나 똑같은 시간을 자기만의 시간으로 만든다.
3. 삶의 목표와 비전이 뚜렷하다. 삶을 대하는 태도가 다르다.

300일 1일1독 프로젝트 key point 12

1일1독 하는 사람은
1%가 다르다 : 주도력

01 당신의 삶의 비전과 목표를 뚜렷이 하라

02 당신의 비전, 당신의 사명서, 버킷리스트를 이미지화 하라

03 언제나 하루를 즐겁고 신나게 하는 새벽운동을 하라

04 새벽 명상을 하면서 당신에 대한 암시, 확언을 하라

05 내 삶의 주인으로 살아가라

06 자기관리를 철저히 하라

그냥 책 읽지 말고
전략독서 하라 :
의사결정력

책읽기에도 전략이 필요하다

축구, 야구, 농구 등 운동에서 이기기 위해서 전략이 필요하듯이 책읽기에
도 전략이 필요하다. 축구에서는 골을 넣기 위해서 공을 찬다. 공을 가진 선
수가 골을 넣기 위한 목적이 없이, 아무런 방향으로 골을 찬다면, 절대 경기
를 이길 수 없다. 11명의 선수가 상대방 골대에 골을 넣겠다는 목적을 가지고
같이 움직여야 한다.

책읽기도 마찬가지이다. 책읽기의 목적은 여러 가지가 있다. 일반적으로 새로운 지식과 정보를 얻기 위해, 마음의 위로와 평안을 얻기 위해, 교양과 상식을 쌓기 위해, 시간을 보내기 위해, 일에 도움을 받기 위해 책을 읽는다. 이 중에서 자기 원하는 목적을 선택하고 이 목적에 맞는 책읽기를 해야 한다.

전략적으로 책 읽는 능력을 기르는 방법은 무엇이 있을까? 아래와 같은 시나리오를 만들고 개인의 상황에 맞게 선택하여 지속적으로 연습을 한다.

1. 목표를 세운다.

2. 책 읽는 이유를 파악한다.

3. 목적이 무엇인지를 파악한다.

4. 시간을 다시 디자인한다.

5. 공간을 바꾼다.

6. 스마트 기기를 잘 활용한다.

7. 어떤 장르의 책을 읽어야 하는지 구체화한다.

8. 읽을 책의 장르를 정했다면, 몇 권을 한 번에 읽을지 정한다.

9. 읽은 책을 어떻게 쓰고, 정리할지 고려한다.

10. 읽고 쓰는 것으로 끝나는 것이 아니고 어떻게 실행할지 결정한다.

위 10가지를 개인의 상황에 맞게 우선순위를 두어 전략적으로 책을 읽자.

전략적 책읽기 능력을 기르게 되면, 단 한 권의 책을 읽어도 효율적으로 읽을 수 있다.

전략적 책읽기가 의사결정력을 높인다

회의가 있어서 오전에 버스를 타고 광화문에 갔다. 차 타는 동안에 핸드폰 라디오를 즐기면서 흥얼거렸다. 라디오에 빠져서 내려야 할 정거장이 왔는지도 몰랐다. 버스에서 안내 방송이 나왔다.

"이번 정류장은 조계사역입니다."

라디오를 듣고 있다가 깜짝 놀랐다.

'벌써 왔나?'

내리기 위해서 허둥대기 시작했다. '지금 내려야 하는데.' 하면서 가방에서 지갑부터 꺼냈다. 음악을 듣고 있던 핸드폰을 옆 빈자리에 두었다. 벌떡 일어서서 손에 쥐고 있던 카드를 버스단말기에 댔다. 자리에 있던 가방이며, 옷을 급하게 챙겼다.

버스 문이 열리고 어정쩡한 상태에서 밖으로 나왔다. 초봄이었다. 찬바람이 얼굴을 강하게 때렸다. 대충 걸쳤던 코트를 다시 추슬렀다. 좀 이상했다. 뭔가 빠진 느낌이었다.

차에서 내리고 걸음을 내딛으려는 순간, 익숙하게 들리던 음악소리가 들리지 않았다. 핸드폰이 보이지 않았다. 코트 주머니며, 바지 주머니를 뒤졌다. 찾을 수 없었다. 불안감이 더 커졌다. 가방을 뒤졌다. 혹시 지갑과 같이 가방으로 들어갔는지 확인했다. 지갑은 가방 안의 주머니에 들어가 있었다. 핸드폰은 없었다.

버스는 나를 내리고 이미 떠났다. 1~2분의 순간이었다. 나는 눈앞에 버스가 출발하는 것이 보였기에 뛰었다. 버스 뒤에서 운전사를 향해서 크게 손짓을 했다. 운전사는 나를 보지 못했다. 버스는 무심하게 떠나가버렸다.

나는 20m를 뛰다가 이렇게는 안 되겠다고 생각했다. 차를 뒤쫓기 전에 약간 늦더라도 플랜을 만들었어야 했다. 그러나 허둥대다 보니, 플랜을 만들기보다 몸이 앞섰다. 생각하지 않고 행동을 먼저 했다. 마침 같은 번호의 버스가 뒤에 왔다. 앞 버스를 쫓아갈 생각으로 버스를 탔다. 잘못된 생각이었다. 버스로 버스를 따라가는 것은 쉽지 않았다. 버스 승객들이 줄지어 타고 줄지어 내린다. 앞 버스에 사람이 많지 않다. 뒤 버스가 앞 버스를 추월하는 것은 거의 불가능하다.

'택시를 탔어야 했다.'는 하는 생각이 머릿속에 떠올랐다. 머리 한쪽에서는 '택시타고 쫓아가!'라고 했다. 머리의 다른 한쪽에서는 '돈이 너무 아까우니 버스로도 충분해.' 하고 내 스스로를 설득하고 있었다. 결국 버스를 타고 추격전을 벌였는데, 이도 저도 되지 않았다. 6~7개 정거장을 뒤쫓다가 따라 잡을 수 없다고 생각했다.

그제야 버스에서 내려서 급하게 택시로 갈아탔다. 핸드폰을 잃어버린다고 생각하니, 택시비 3~5만원이 아깝지 않았다. '어떻게든 되찾아야 해.'는 생각이 앞섰다. 문제는 도심에는 버스 차로가 없는데, 고속도로에는 버스 차로가 있었다. 버스가 경부 고속도로에 진입하자 택시보다 훨씬 빨리 갔다. 버스는 버스 전용도로를 탔다. 택시는 고속도로에서 일반도로를 탄다. 버스를 따라 갈 수 없었다. 버스를 완전히 놓쳤다.

'버스 안에 있는 내 핸드폰은 이미 다른 사람의 수중으로 들어갔거나, 없어졌을 것이다.'라고 생각했다. 긴박하게 추격을 했는데, 모든 것이 수포로 돌아갔다.

그날 곰곰이 이 사건을 생각하면서 깨달은 것이 있었다. 몸과 행동이 빠른 것이 어떤 때는 결코 도움이 되지 않는다. 생각을 하고 플랜을 만든 다음 결행을 하면 좀 더 빠르게 원하는 것을 얻을 수 있었을 텐데. 내가 버스를 뒤쫓기 위해서 버스를 타지 않고 처음부터 택시를 탔어야 했다. 도심의 구조로 인해 버스가 순환을 한다고 생각했다면, 내가 먼저 걸어서라도 앞의 정거장에서 기다릴 수 있었다. 얼마든지 늦음을 만회할 수 있었다. 당황해서 허둥대다 보니, 추격만 생각했다. 앞서서 기다린다는 생각을 하지 못했다. 뒤쫓는다는 생각만 하다 보니 뒤만 쫓았지 앞설 생각을 하지 못했다. 숏컷이 있었는데, 시간이 지나면서 모두 놓쳤다.

이 일이 있은 후부터는 나는 자신만의 의사결정 프로세스를 만들었다. 이러한 의사결정 프로세스는 전략적 책읽기를 통해서 습득한 절차와 결합하여 만들었다. 모든 의사결정을 할 때 적용하게 되었다. 몇 개의 시나리오 만들고 상황에 맞게 우선순위를 두어 실행한다.

1. 모든 행동을 멈춘다. 그 자리에 정지한다.
2. 당황하고 있는 자신을 안정시킨다.
3. 3분 정도 호흡을 크게 한다.
4. 낙관적인 생각으로 여유를 가진다.
5. 어떤 방법이 있을지 스스로에게 묻는다.
6. 상중하 시나리오를 만든다.

7. 상황에 맞는 최적의 시나리오를 실행한다.

1일1독으로 유연하게 생각하는 방법을 배우자. 생각을 먼저 하자! 플랜을 만든 뒤에 행동을 하자! 늦을 것 같지만 훨씬 빠른 성과를 얻는다.

300일 1일1독 프로젝트 key point 13

그냥 책 읽지 말고
전략독서 하라 : 의사결정력

01 전략을 세우고, 책을 읽어라.

02 행동을 먼저 하지 말고 생각하고 행동하라.

03 생각이 숏컷을 만든다.

04 시나리오를 만들고 우선순위를 선택하라.

07

5Why로 질문하고, 생각을 확장하라 : 질문력

근본원인을 찾기 위한 질문의 힘

1일1독을 하면 질문이 늘어난다. 보는 관점이 달라지기 때문이다. 창의성은 Why라는 질문에서 시작한다. 문제를 해결하는 방법의 하나로 Why를 사용한다. 문제를 해결하기 위해서 Why로 꼬리에 꼬리를 무는 질문을 한다. Why는 문제의 궁극적인 원인을 파악하고, 해답을 찾게 한다.

삶을 살아가면서 가장 많이 하는 질문 방법이 How이다. How는 방법을 찾는 좋은 질문이기는 하지만 근본적인 이유에 대해서 설명하지 못한다. 단기 방안일 뿐이다. 근본적인 문제에 대해서 해결하지 못하고 곁가지인 문제만 해결한다면 좋은 해결방안이 될 수 없다.

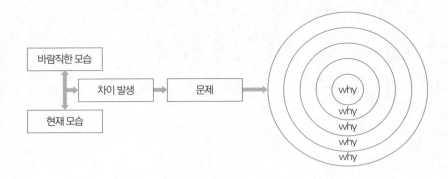

5Why는 주어진 문제를 반복해서 질문한다. 반복질문은 가장 근본적인 원인을 찾는 방법이다. 근본적인 원인을 발견하면 해결방안을 찾을 수 있다. 5Why 질문 사례를 살펴보자. 5Why는 문제의 근본 원인을 찾아 답을 찾는다. 직장인이 1일1독을 하지 않는 이유를 질문한다. 5Why를 사용해서 원인을 파악하고 대안을 찾아보자. 질문의 원인은 "성과를 내기 위해 보고서 작성에 시간이 많이 든다."이다. 5번째로 질문한 Why를 통해서 나온 대안은 "보고서 대신 구두나 메일로 보고한다."라고 생각할 수 있다.

1 why :	직장인은 왜 1일1독을 하지 않는가?
	- 업무에 지쳐 읽을 시간이 없다.
2 why :	왜 업무에 지쳐 읽을 시간이 없는가?
	- 업무가 많기 때문이다.
3 why :	업무가 왜 많은가?
	- 보고서를 많이 쓰기 때문이다.
4 why :	보고서를 왜 많이 쓰는가?
	- 성과를 내기 위해서다.
5 why :	왜 보고서로 성과를 측정하는가?
	왜 다른 방법으로 하면 안 되는가?
	- 구두 보고를 하거나 메일로 업무를 하자.

1일1독으로 생각 근육을 키우자

1일1독으로 생각을 키우고, Why로 생각을 확장하자. 1Why로 묻고 답하는 것과 5Why로 묻고 답하는 것은 차이가 있다. 5Why가 좀 더 근본적인 원인에 다가간다. 그렇다고 모든 답을 5Why로 찾을 수 없다. 질문의 내용과 종류 따라 5Why와 1Why를 섞어가면서 사용하자. Why라는 마법의 툴을 사용하여 생각을 확장시키자.

나는 가족과의 관계에 대해서 많은 생각을 해왔다. 그전에는 막연하게 생각했던 것들을 조금 더 가족 구성원의 입장에서 생각하게 되었다. '우리는 가족 속에서 어떻게 아이들과 소통해야 하는가?' 아이들이 커가면서 각자의 상황에 맞는 생각을 갖게 된다. 아이들은 부모들도 알지 못하는 생각의 틀을 갖게 된다. 어른의 입장에서 보면 틀렸다고 생각하는 사안들이 있다. 하지만 그 또래 아이들은 너무도 자연스럽게 그런 활동을 한다.

가령 컴퓨터 게임에 대해서 부모 시절에는 그렇게까지 열광하지 않았다. 해봐야 일주일에 한두 번, 1~2시간씩 하는 정도였는데, 지금은 그렇지 않다. 자제시키지 않으면 시험보기 전날까지도 컴퓨터 게임에 열광한다. 내 아이만 특별하게 그러는 것이 아니라 대부분의 아이들이 그런다. 세대가 바뀐 것이다. 핸드폰을 보고, 게임을 하고, SNS 활동을 하고, 유튜브를 하고, 지금 세대 아이들이 너무도 자연스럽게 이런 방식으로 자기 취미활동을 하고 있다. 50대인 부모 세대 입장에서는 게임이 어떻게 취미생활인지 의문이 든다. 여기서 당신과 다른 생각을 가졌다고 해서 틀린 것이 아니라 다르다는 것을 인정해야 한다. 다름을 존중해주지 않으면 서로 간에 이야기를 할 수 없다.

가족 내에서도 많은 대화가 필요하다. 한 아이템을 두고 생각이 모두 다르기 때문이다. 서로간의 생각을 진솔하게 들어보고 판단해야 한다. 판단의 기준은 아빠, 엄마가 나이가 많이 먹었기 때문에 권한을 가지고 아빠, 엄마의 의견을 관철시키는 방식은 아니다.

부모들은 이런 생각을 할 수도 있다.

'내가 살아온 경험이 얼마나 많은데, 아이가 하는 이야기를 들어야 하나?'

21세기는 기존의 경험을 가지고 모든 것을 해결할 수 없다. 새로운 감각과 생각이 필요한 시대이다. '내가 어른이고 경험이 많으니 무조건 내 의견에 따라야 한다.'는 생각은 지금부터 버리자.

가족 내 소통의 원칙을 만들자. 어떤 주제에 대해서 시간을 정해서 토론한다. 누구의 의견이든 가족으로부터 가장 많은 표를 얻는 의견을 선택한다. 가족은 수직적 관계가 아닌 수평적 관계를 가지고 가야 한다. 가부장적인 마인드를 벗어나 모두 동등하다는 생각을 가지고 논의해야 한다. 내가 어른이기 때문에, 아이가 어리기 때문에, 내용이 아주 중대하기 때문에, 아이들이 어른인 당신보다 배운 것이 적어서, 아이들이 서열이 낮으니 하는 등등은 현재 시대를 살아가는 모든 가족관계에서 버려야 할 기준이다.

우리가 가져야 할 가치는 '가족들이 만든 비전과 목표를 공유하고, 서로를 도와가며, 동반자, 우호자가 되어야 한다.'이다. 가족 간에는 너무도 잘 알기 때문에 가족 구성원의 꿈을 무시할 수 있다. "네가 그것을 어떻게 해!"하는

식으로 단정적으로 생각할 수 있다. 그러지 않기 위해서 가족 구성원의 말에 귀 기울이자! 가족 구성원의 꿈을 무시하는 행위인 드림 킬러(dream killer)가 되지는 말자!

나는 '300일 1일1독 프로젝트'를 하면서 다양한 책들을 읽고 있다. 호기심이 늘었고, 다른 관점들을 보면서 질문이 늘어났다. 내 자신에게 질문을 던지고 이를 답하는 글을 쓴다. 글로 쓰면 생각이 구체적이고 명확해진다. 이전에는 막연하게 생각만 가지고 있던 것을 글로 쓰면 훨씬 명료해진다. 질문에 대한 힘을 느끼게 된다.

300일 1일1독 프로젝트 key point 14

5Why로 질문하고 생각을 확장하라 : 질문력

01 1일1독을 하면 질문이 늘어난다

02 근본원인을 찾기 위해 5Why로 질문하라

03 1일1독으로 생각을 키우고 Why로 생각을 확장하자

04 서로 다름을 존중하자

05 가족구성원은 인생을 함께 살아가는 동반자이다

08

기본은 됐고,
책으로 차별화를 하라 :
차별화

회사에서 승진을 위해 어떤 것이 필요할까?

회사에서 가장 많이 듣는 단어 중에 하나가 차별화이다. 보고서를 만들 때, '○○○차별화 전략 보고서', '제품 차별화', '마케팅 차별화', '브랜드 차별화' 등 수많은 차별화가 등장한다.

마이클 포터 교수는 차별화 전략의 정의를 "구매자가 중요하다고 여기는 속성을 선택해서 그 요구에 맞추어 기업이 판매하는 제품이나 서비스를 경쟁기업과 차별화시키는 기업의 전략적 경영활동을 의미한다."라고 했다. 이렇게 기업이 지속적으로 성장하기 위해서는 차별화 전략이 반드시 필요하다. 마찬가지로 회사에서 개인이 성장하기 위해서도 차별화 전략이 반드시 필요하다. 직장에서 가장 중요한 보상이 승진이다.

직장에서 승진은 최고의 보상이자 자랑이며, 자기 자신에 대한 자부심이다. 승진을 위해 직장인들은 밤을 낮 삼아 일한다. 직장에서 평균 한 직급을 승진하는 데 걸리는 기간이 4~5년이다. 개인이 임원까지 가겠다고 생각하고 열심히 하면 4개의 직급단계가 있고 평균적으로 승진한다고 하면 20년이 걸린다. 이러한 평균 직급 승진 연수를 줄이고 직장에서 임원까지 승진하기 위해서는 반드시 두 가지를 잘해야 한다. 첫째는 책읽기를 통한 업무전문역량이다. 두 번째는 개인의 브랜드화를 통한 직장 내 평판 강화이다. 이 두 가지가 조직 내에서 개인을 차별화하는 가장 중요한 요소이다.

대리 때의 일이었다. 승진 심사가 있었다. 나도 대상에 포함되어 있다는 것을 대충 알고 있었다. 보통 승진 심사가 결과가 저녁에 나오기 때문에 모두가 숨죽여 기다리고 있었다. 승진 심사날은 누군가에게는 잔칫날이고 누군가에게는 죽 쑤는 날이다. 승진 인원수가 정해져 있기 때문에 모두가 행복할 수 없다. 나의 상사는 누구를 승진시킬지 고민을 했을 것이다. 승진 심사에 올라간 동료들의 심장은 떨릴 수밖에 없다. 승진 심사가 나기 몇 시간 전부터 분

위기가 술렁인다. 묘한 긴장감과 함께 이곳저곳에서 격려 문자가 오기도 하고, 그간 연락 한 번 없던 동료들에게 안부 문자가 오기도 한다. 특히 팀내 동료들은 될 것이라는 용기를 주기도 하고 같이 걱정도 해준다.

저녁 6시가 조금 넘었다. 어디선가 술렁이는 소리가 들렸다. 드디어 승진이 발표되었다는 소리가 들렸다. 어느 팀에서는 환호가 들렸다. "축하해!"라는 소리가 들렸다. 어느 팀에서는 한숨 소리가 들렸다. 우리 조직까지 나왔는데, 나는 명단에 없었다. 기대가 컸던 만큼 실망도 엄청 컸다. 팀내 선후배 동료들이 어깨를 쳐주며 "다음에 하면 되지."라고 말을 건넸다. 나는 실망한 표정을 지을 수 없었고, 애써 웃으려고 노력했다. 속은 아팠지만 얼굴 표정은 억지웃음과 실망이 교차한 이상한 표정이었다.

팀장이 내게 다가왔다. 내 얼굴을 보더니 "힘내." 한 마디 하고 별말 없이 나갔다. 나는 다른 사람은 몰라도 팀장에게 약간 서운했다. 하지만 내색할 수 없었다. 계속 억지 표정으로 있을 수 없어서, 화장실로 갔다. 화장실에 있다보니 왠지 설움이 복받쳤다. '왜 떨어졌지? 뭐가 문제였지?' 하면서 내 스스로에게 계속 질문을 던지면서 엄청 침울해했다. 나는 스스로를 좀 더 차별화시키지 못했던 것을 후회했다. 지금 생각해보면, 그 당시 내가 만약 책읽기를 했더라면 확실한 차별화가 가능했을 것이다.

회사에서 자신을 차별화하기 위한 두 가지 전략

회사에서 개인을 차별화시키기 위한 두 가지 전략을 달성하기 위해서 노력해라.

첫 번째, 자기의 브랜드화를 통한 평판을 강화하는 것이 중요하다. 개인은 이미 차별화된 존재이다. 세상에 어느 누구도 같은 개인이 존재할 수 없다. 누구나가 경험도 다르고 환경도 다르기 때문에 완벽한 차별화된 존재이다. 그러면 '이런 차별화된 존재인 스스로를 어떻게 더 차별화 해야 하나?' 바로 자기 자신을 브랜드화 하는 것이 필요하다. 내 자신을 브랜드화 하지 않으면 아무도 알아주지 않는다. 아무도 알아주지 않고 자기 스스로 만족하면서 세상을 살아가는 사람도 있다. 자기 삶을 즐기는 사람들 모두 행운아다. 하지만 직장생활을 하면서 경쟁에서 이기고 남들보다 나은 성과를 낳기 위해서는 자기 자신을 브랜드화 해야 한다.

조직 내에서 자기 자신을 어떻게 브랜드화 할 것인가?

1. 명함, 메일, 사내 커뮤니티 등을 통해 나는 이런 사람이라고 알려라.
2. 주변 사람에게 자신을 홍보하라. 자기가 하고 있는 업무를 핵심적으로 홍보하라.

126

3. 적극적으로 다른 사람의 어려운 일을 도와주어라.

4. 모두가 아닌 내 주변사람부터 챙겨라. 입소문은 많은 사람을 통해서 나오는 것이 아니라 자기가 진심을 다해서 감복시킨 몇 사람으로부터 시작한다. 모두를 관리하는 것 자체가 시간 낭비다.

5. 찾아다니지 말고 찾아오게 하라. SNS, 페이스북, 네이버 등

6. 소규모 활동을 해라. 많은 시간을 들여서 매번 하기보다는 자기 주도적인 소규모 활동을 만들어서 능동적으로 수행하라. 자기가 잘 하는 것, 관심 있는 것, 재미있어 하는 것을 주제로 사람들을 모아라.

이러한 개인적인 활동 때문에 어쩌면 이기주의적인 사람으로 오해받을 수도 있다. 의외로 상사들은 자기를 적극적으로 PR하는 사람들에 대해서 호기심을 가진다. 자기를 적극적으로 PR한다는 이야기는 자신감이 있다는 이야기이다. 자신감은 자긍심으로부터 나온다. 자긍심은 긍정적적인 삶의 자세이다. 긍정적 삶의 태도를 가지고 있는 사람들이 일도 잘하고 대인관계도 좋다. 개인 PR이 허언이 되지 않으려면 남을 배려한 기반위에서 자기를 PR해야 한다.

두 번째, 한 분야에 업무전문가가 되기 위해서는 수직독서를 해라. 전문적인 직무역량 강화를 위해 50권 정도의 수직독서를 통해서 직무역량을 최고의 전문가 수준으로 높여라. 내가 전문가가 되고자 하면 그 분야의 책을 열심히 읽으면 된다. 50권의 책을 읽는 것이 어렵다고 느껴지는 것은 방법을 모르

기 때문이다.

1. 같은 분야의 책 10~20권 정도 읽으면 패턴이 비슷하다는 것을 발견할 수 있다.
2. 30~40권 읽으면 내용이 비슷하다는 것을 알 수 있다.
3. 50권을 읽으면 통찰력을 얻을 수 있다.

이러한 깨달음을 통해서 방향성을 제시할 수도 있고, 전문적인 의견을 낼 수도 있다. 당신이 전문가인 것이다. 50권을 읽는 데, 50일이면 충분하다. 한 번 도전해볼 가치가 있는 것 아닌가? '300일 1일1독 프로젝트'인 광독서법을 수행하면 편하게 책을 읽을 수 있다. 광독서법으로 당신 분야의 최고의 전문가가 될 수 있다.

기본은 됐고,
책으로 차별화를 하라 : 차별화

01 임원까지 승진하기 위한 차별화 전략을 만들어라

02 자기 브랜드화를 통해서 평판을 강화하라

03 수직독서를 통해서 업무전무가가 되라

04 광독서법을 수행함으로써 당신 분야에 최고의 전문가가 되라

2장. 1일1독의 힘. 8가지 경쟁력

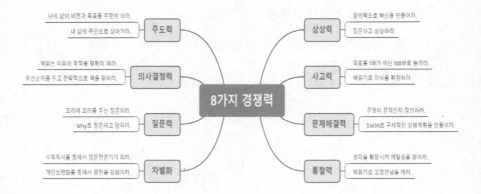

나의 삶의 비전과 목표를 뚜렷히 하라.

주도력

내 삶의 주인으로 살아가라.

책읽는 이유와 목적을 명확히 해라.

의사결정력

우선순위를 두고 전략적으로 책을 읽어라.

꼬리에 꼬리를 무는 질문하라.

질문력

Why로 질문하고 답하라.

수직독서를 통해서 업문전문가가 되라.

차별화

개인브랜화를 통해서 평판을 강화하라.

8가지 경쟁력

창의력으로 혁신을 만들어라.

상상력

질문하고 상상하라.

목표를 1배가 아닌 100배로 늘려라.

사고력

책읽기로 의식을 확장하라.

무엇이 문제인지 정의하라.

문제해결력

5W1H로 구체적인 실행계획을 만들어라.

생각을 확장시켜 깨달음을 얻어라.

통찰력

책읽기로 고정관념을 깨라.

상상낙서장

3장.

습관은 그냥 만들어지지 않는다. 많은 실패와 오류를 거치면서 차신만의 습관이 생겨난다. 습관을 만들기 위해서 가장 먼저 해야 하는 사항은 생각의 변화이다. 뇌는 기존의 생각을 바꾸려 하지 않는다. 항상 편한 상태를 원하기 때문이다. 이러한 편한 상태를 깨기 위해서는 절박함이라는 도구가 반드시 필요하다. 절박함을 느끼지 않으면 굳이 도전할 필요성을 느끼지 못하고, 작심삼일로 끝나는 경우가 많다. 스스로에게 절박함을 가지고, 목표를 가지고, 생각을 변화시켜라. 30일, 60일, 90일 3의 배수로 실행하는 기간이 늘어날수록 당신의 습관은 평생습관이 된다.

평생 가는
책읽기
습관
만들기

출근 전, 새벽 5~6시가 책읽기 최적의 시간이다

책읽기 최적의 시간대를 찾아라

'300일 1일1독 프로젝트' 101일 째이다. 나의 책읽기는 시험의 연속이다. 'Try and error', 즉 시행착오를 겪으며 지속적으로 개선하고 있다. 책읽기를 시작할 때는 회사에 출근하고 책을 읽었다. 회사 출근 시간이 보통 7시이다. 7시에 도착하면, 오늘 해야 할 업무 리스트를 읽는다. 저녁부터 새벽 사이에 온 이메일 내용을 훑어본다. 내가 답을 해야 할 이메일이 있으면 답장을 작성한다. 지시해야 할 일이 있으면 미리 이메일 내용을 작성해둔다. 업무시간이 시작하면 메일을 보내기 위해서다. 이렇게 업무를 처리하다 보면 시간이 어떻게 지나갔는지 모른다. 아침 8시 30분이 넘는 경우가 많다. 이 시간대가 되면 직원들이 한두 명씩 출근하기 시작한다. 이곳저곳에서 소리가 들린다. 커피를 들고 내방을 찾는 팀장도 있고, 간밤에 있었던 이야기를 전달하기 위해 방으로 찾아오는 팀장도 있다. 이렇듯 9시가 다가올수록 책을 읽기에는 불편한 시간들이 이어진다.

300일 1일1독 프로젝트를 처음 시작할 때는 업무 시간 전에 1시간이라도 책을 읽으려고 했다. 그런데 아침에 분주함 속에서 책을 읽을 수 있는 시간을 찾기 어려웠다. 결국 전체 시간을 리디자인하지 않으면 회사 내에서 1일 3번 독서하는 것이 어려웠다.

나는 '근무 전 아침에 1시간 정도 시간 내는 것이 쉽지 않으니, 저녁에 퇴근하고 약 1시간을 회사에서 책을 읽는 것이 어떤가?'라는 생각을 했다. 이 방법을 시도해봤다. 저녁시간은 아침시간과 다른 것이 6시 이후로 시간이 지날수록 직원들이 퇴근하고 나니 조용해진다는 장점이 있었다.

문제는 저녁약속과 퇴근장소였다. 일주일에 1~2번은 약속이 있거나, 퇴근을 광화문에서 하면 교통체증으로 인해 집에 도착하는 시간이 20시가 넘었다. 회사에서 저녁시간에 책 읽는 시간을 만드는 것은 현실적이지 않다는 결론에 도달했다.

그래서 매일 하는 아침 운동시간을 줄이기로 했다. 원래 아침에 4시에 일어나 2시간 운동을 한다. 이 시간을 줄이기로 했다. 운동시간을 1시간으로 줄이고 남는 1시간을 책 읽는 시간으로 리디자인 했다. 처음에 운동을 줄이는 것에 대해서 속으로 걱정을 했다. 아침에 운동을 제대로 하지 않으면 신체 밸런스가 맞지 않아 집중력이 떨어진다고 생각했다. 운동을 한 이후로 허리가 아프지 않았다. 운동을 제대로 하지 않아서 허리 아픈 것이 재발하면 어쩌나 하는 우려가 있었다.

운동시간을 줄이는 것은 내 몸에 부작용을 일으킬 수 있었기 때문에 자료를 찾아봤다. 몇 가지 자료를 찾아보니, 이런 말이 마음에 들었다. "사람마다 모두 고유한 신체리듬을 가지고 있다. 시간을 조정함으로써 신체리듬을 더 잘 사용할 수도 있고, 못 사용할 수도 있다."는 내용이었다. 시간대와 시간 양을 조절함으로써 같은 시간을 더 효율적으로 사용할 수 있다는 데 공감이 갔다. 나는 운동시간대와 양을 조절했다. 이와 더불어 독서시간대와 양을 같이 조절했다. 지금까지 결과는 성공적이다.

내가 찾은 책읽기 최적의 시간은 새벽 5~6시이다. 그 이유에는 다섯 가지가 있다.

1. 새벽의 안정감과 평온함이 있다.

2. 집중력이 높아진다.

3. 시간을 리디자인해서 나온 자투리 시간을 활용하므로 효과적이다.

4. 집이 편안한 공간이기 때문에 주변 사람의 눈치를 보지 않을 수 있다.

5. 기분 좋게 새벽을 시작할 수 있다.

전체 24시간 중에 새벽이 가장 집중력이 좋은 시간이다. 새벽이라고 하면 04~06의 시간대를 말한다. 새벽형 인간은 이런 새벽 시간대를 골든 시간대라고 한다. 이 시간대는 두뇌 활동이 가장 활발하고 명석해지는 시간이다. 집중력이나 판단력은 낮 시간대의 3~4배에 달한다. 이 시간대의 1시간은 낮 시간의 3시간과 맞먹기 때문에 이 시간의 활용이 필수적이다. 나는 전형적인 새벽형 인간이다. 새벽 5~6시는 안정감과 편안함을 준다. 새벽에 일어나자마자 운동을 한 후에 찬물 샤워를 한다. 찬물 샤워는 나를 새롭게 리부트시킨다. 잠자기 전까지 복잡했던 일들이 운동을 하면서 순화되고 찬물 샤워를 하면서 완전히 새롭게 변한다. 새벽 찬물 샤워는 새로운 생각을 선물한다.

한번은 상사에게 보고를 할 일이 있었다. 지시한 기한이 다되어서 보고를 신속히 해야 했다. 다양한 문제점에 대한 해결책을 고려하다 보니, 계속 늦어졌다. 보고는 타이밍이다. 아무리 보고서를 잘 만들어도, 결론이 난 다음 보고를 하는 것은 바보같은 짓이다. 약간 설익은 보고라도 타이밍만 시의적절하면 얼마든지 수정해서 다시 보고할 수 있다. 한편으로 상사입장에서 생각해보면 신속한 타이밍도 좋지만 너무 설익은 보고서는 의사결정을 할 수 없기 때문에 약간 시간이 들더라도 최대한 의사결정을 할 수 있는 보고서를 제공받기를 원한다.

우리는 항상 이런 선택의 시점에 놓인다. 약간 설익었지만 타이밍을 생각해서 빨리 보고하는 것이 나은지 아니면 좀 더 완벽히 해서 타이밍을 늦춘 후에 보고하는 것이 맞는지는 선택의 문제다. 이러한 선택을 잘하는 방법은 앞뒤 전후 상황판단을 해야 한다. 정량적인 답은 없다. 보고할 때마다 하나하나 상사에게 물어보고 일을 처리하는 보고자는 무능한 사람이다. 자신의 생각이 없는 사람이다. 이런 낙인이 찍히지 않으면서도 타이밍을 맞추는 센스가 필요하다.

새벽에 일어나서 하는 찬물 샤워는 이런 다양하고 복잡한 문제가 발생할 때, 해답을 제시한다. 나에게 자신감을 심어주며 도전적으로 만든다. 그리고 문제를 심플하게 다시 정의하게 한다. 문제의 목적이 무엇인지 다시 생각하게 하고, 최적의 방안을 찾는 데 도움을 준다. 나는 아무리 추운 겨울이라도 찬물 샤워를 한다. 샤워기를 통해서 찬물이 뿜어져 나온다. 내 머리의 모든 잡념이 사라진다. 새로운 생각들이 떠오르기 시작한다. 찬물 샤워는 새로운 생체리듬을 선물한다. 찬물 샤워를 마치고 신속히 출근을 위한 정장으로 갈아

입는다. 책읽기를 위한 준비를 시작한다.

새벽에 내 자리에 앉아서 창문을 열고 신선한 공기를 마신다. 유튜브 채널에서 아침 힐링 음악을 선택한다. 책읽기 전에 잠시 호흡을 가다듬기 위한 명상을 한다. 이때는 깊게 흉식호흡을 한다.

1. 핸드폰의 알람을 설정한다.(5분)

2. 의자에 편히 앉는다.

3. 손바닥이 허벅지 위에 닿도록 한다.

4. 두 팔은 편한 자세로 늘어뜨린다.

5. 숨을 배꼽 아래까지 들이쉬면서, 점차 숨을 가슴까지 올린다 .(5초)

6. 뱃가죽이 등에 맞닿는다는 느낌을 가지면서 숨을 천천히 내쉰다. (5초)

7. 머릿속에서 숫자를 다섯까지 센다.

8. 머릿속에 잡념이 떠오를 때마다 숫자를 세는 데 집중한다.

이렇게 흉식호흡을 하고 나면 머릿속이 평온해지고, 잡념이 없어지면서 안정감이 찾아온다. 이 시간대는 책을 읽기 시작하면서 집중력이 높아지기 때문에 몸에 뒤틀림이나 머릿속에 잡념들이 생각나지 않는다. 아무도 일어나 있지 않기 때문에 다른 사람의 눈치를 볼 일도 없다. 오로지 세상이 나만을 위해 존재하는 시간이다. 이 시간대의 1시간이 3시간의 효과를 낸다는 믿음은 이 시간을 더욱 더 소중하게 만든다. 광독서법을 통해서 한 권을 다 읽고 나면 가슴이 뿌듯해진다. 아침부터 성취감이 생긴다. 자신감 지수가 올라가면서 자긍심도 높아진다. 세상에서 가장 기분 좋은 하루가 시작된다.

300일 1일1독 프로젝트 key point 16

출근 전 새벽 5~6시가 책읽기 최적의 시간대이다

01 자신만의 책읽기 가장 편한 시간을 찾아라

02 1일1독을 위한 최적의 시간은 새벽 5~6시이다

03 새벽 찬물 샤워는 인생의 선물이다

04 1일1독 하기 전에 흉식호흡 하라

05 1일1독으로 세상에서 가장 기분 좋은 하루를 시작하라

내가 좋아하는 장르를 선택하라

장르를 선택해서 책을 읽어라

나는 대리, 과장급 때 재테크에 관심이 많았다. 이전보다 훨씬 윤택한 삶을 원했기 때문이다. 내가 관심이 많았던 분야는 부동산이었다. 회사 다니면서 누구나 집 한두 채는 사고팔 수 있기 때문에 자연스럽게 관심이 갔다. 그래서 부동산에 대한 전문역량을 가지기 위해서 부동산관련 많은 책을 읽었다. 스스로 책을 통해서 기준을 만들었다. 그리고 투자했다. 그런데 내가 생각한 기준을 지키지 않았다. 조급한 마음에 기준을 깨면서 문제가 발생했다. 과욕은

화를 불렀다.

나는 20평짜리 내 집을 가지고 신혼을 시작했다. 부모님이 도와주신 덕분이었다. 대기업을 다니고 있었고, 집도 있었고 인생에서 큰 어려움 없이 잘 살아왔다. 그런데 나의 욕심으로 인해 큰 문제가 발생했다. 부동산으로 자산을 더 키워야겠다는 생각으로 부동산에 과하게 투자했다. 2008년 국제업무도시로 지정된 청라에 집을 2채를 분양받았다. 원래 기준은 강남에 투자하는 것이었다. 내가 사려고 했던 강남에 집이 계약이 되지 않으면서, 갑자기 바람을 탄 청라로 눈을 돌렸다.

아내는 반대했지만 내가 고집을 피워 두 채를 분양받았다. 분양 받을 당시만 해도 장미빛 전망으로 아파트 가격이 계속 올라갈 것만 같았다. 1년이 지나고 분양 받은 청라 아파트 가격이 폭락을 했다. 계속 아파트 중도금을 내기가 벅찼다. 해약을 위한 법정소송을 진행했다. 거의 2년의 시간을 해약하는 데 보냈고, 금전적인 손실도 만만치 않았다.

그 후로 부동산 투자는 신경도 쓰지 않았다. 결혼하고 경제적으로 가장 어려웠던 시기였다. 아파트를 사놓고 어떤 때는 잠이 오지 않았다. 두려움은 하나였다. '망하면 어떡하지?'였다. '전 재산을 날리고 재기할 수 있을까?' 하는 두려움이 머릿속에 꽉 차서, 잠을 제대로 자기가 어려웠고, 며칠 밤낮을 고민했다. 내가 고집을 피워서 투자하고 실패했기 때문에 와이프를 볼 면목도 없었다. 그러면서 깨달은 것은 '그래 다시 시작하자. 돈 1억 원 날렸다고 내 인생이 끝나는 것이 아닌데 이렇게 고민하지 말고 새로 시작하자'였다. 마음을 고쳐먹었다. 마음이 한결 편해졌다. 나의 부동산에 대한 깨달음이다.

1. 주식의 1등주처럼 부동산도 1등주만 사라. 부동산을 사려면 남들이 최고라고 하는 부동산을 사라.
2. 절대 빚내서 투자하지 마라.
3. 단기 투자하지 마라. 장기 투자하라.

나는 부동산으로 실패를 경험했지만, 소중한 경험을 얻었다. 다시 실패하지 않기 위해서 1일1독시 재테크 서적은 항상 관심을 가지고 본다.

자기계발 분야 책읽기를 최우선적으로 하라

독서에는 여러 가지 장르가 있다. 문학, 소설, 자기계발, 취미, 철학, 경제/경영, 육아, 정치, 재테크 등 사람들이 삶을 살아가면서 경험할 수 있는 모든 생각들은 책으로 출판된다. 우리나라 성인들은 소설이나 문학에 대해서 관심이 많으며, 자기계발서에 대한 관심은 1/3 수준이다. 사람들이 여러 장르에 관심을 가지는 것은 아주 좋은 현상이다. 직장인들은 높은 효율성과 신속한 결과에 대해서 항상 고민한다. 이런 직장인들에게 가장 적합한 책은 자기계발서일 것이다.

나는 직장인들은 다른 어떤 장르보다 자기계발서에 관심을 가질 것을 권한다. 나도 자기계발서에 관심을 가지기 시작하면서 책읽기가 주는 다양한 장점을 누리고 있다. 이 책에 쓰여 있는 책읽기의 장점들은 일반인보다는 직장인들에게 초점을 두고 있다. 자기계발서는 일과 삶에 대한 균형적인 발전을 만드는 데 도움을 준다. 한쪽에 치우치면 둘 다 잃을 수 있다. 두 쪽이 균형을 잘 잡으면, 일과 삶 모두를 성공시킬 수 있다.

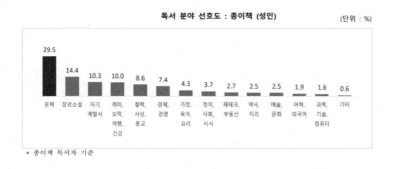

독서 분야 선호도 : 종이책 (성인)   (단위 : %)

문학	장르소설	자기계발서	취미, 오락, 여행, 건강	철학, 사상, 종교	경제, 경영	가정, 육아, 요리	정치, 사회, 시사	재테크, 부동산	역사, 지리	예술, 문화	어학, 외국어	과학, 기술, 컴퓨터	기타
29.5	14.4	10.3	10.0	8.6	7.4	4.3	3.7	2.7	2.5	2.5	1.9	1.6	0.6

* 종이책 독서자 기준

성공과 부에 관심이 많은 직장인들은 대부분 자기계발 도서나 재테크 도서에 열심이다. 현실적으로 받고 있는 월급만 가지고, 풍요롭게 살기는 힘들다. 주변 동료들이나, 책을 통해서 직장인들이 재테크로 성공한 사례를 심심치 않게 볼 수 있다. 그러다 보면 '나는 왜 이러지?' 하는 묘한 자괴감이 생긴다. 자연스럽게 부자나, 성공한 사람들, 재테크 방법에 관심을 가지게 된다. 관련 책을 읽음으로써 그들의 방법을 따라한다. 실패와 도전은 종이 한 장 차이다. 실패를 통해서 성공에 훨씬 다가가고 있다는 것을 잊지 말아야 한다. 생각을 바꾸면 세상이 다시 보인다.

요즈음 밀레니엄 세대를 보면 투잡을 넘어서 N잡러들이 많이 있다. 그만큼 사회가 경쟁이 심화하다는 말이다. 안타깝고 안쓰럽다. 예전에는 한 직장에서 30, 40년 정년까지 근무하면서 퇴직을 생각했다. 밀레니엄 세대는 그런 생각을 거의 가지고 있지 않다.

밀레니엄 세대의 의식을 조사한 리포트를 보면 약 60% 이상이 '연봉 조건이 맞으면 이직도 가능하다'는 생각을 한다. 이 흐름은 시대와 사회 환경이 바뀌고 있기 때문에 당연하다. 사람들은 누구나가 경제적인 자유를 원한다. 80년대 이전만 해도 부를 쌓는 방법은 단순했다. 좋은 대학 들어가고 좋은 직장 가서 평생 월급 받고 퇴직해서 연금생활하면 노후가 보장되었다. 2020년인 지금 이와 같은 커리어 패스를 가지고 노후를 보장받는다고 생각하는 사람은 아무도 없다. 왜 바뀌었을까?

1. IMF 이후에 평생직장의 개념이 사라졌다.
2. 유튜브, SNS, 블로그 등 1인 미디어의 폭발적으로 확산되었다.

3. 인간의 기대수명이 100세를 바라보고 있다.

4. 인터넷, 모바일, AI 등으로 인한 파괴적인 기술혁신이 일어났다.

5. 언택트(untact), 비대면 등 사회구조가 급격하게 변화했다.

이러한 5가지 요소로 인해서 사람들의 인식이 바뀌고, 인식이 바뀜에 따라 사회가 바뀌고, 사회가 바뀜에 따라 사람들의 행동이 달라지고 있다. 기존의 전통적인 가치관인 획일적이고, 집단주의적이고, 양적, 공급주의적인 문화에서 다양성이 존중되고, 개인주의적이고, 질적, 수요적인 문화로의 전환이 이루어지고 있다.

특히 공급자와 수요자의 위치가 바뀌었다. 기업만 공급자가 되는 것이 아니라 개인도 누구나가 콘텐츠 공급자가 될 수 있다. 콘텐츠 수요자는 지역에만 한정되어 있는 것이 아니라, 글로벌에 퍼져 있다. 개인의 콘텐츠 공급이 활발해지면서 이에 따른 직업이 들이 우후죽순처럼 생겨나고 있다. 기존의 전통적인 직업들은 AI로 인해 사라지고 있는 것과는 대조적이다. 직장과 더불어 평생직업이 필요한 시대가 왔다. 이렇게 급속도로 변화하고 있는 시대적인 흐름 속에서 직장인들이 자기계발을 소홀히 하는 것은 직장과 삶의 균형을 모두 놓치는 결과를 가져올 것이다. 자기계발 서적을 읽게 되면 아래와 같은 장점을 얻을 수 있다.

1. 세부적인 방법, 기술 등 배움의 기회가 생긴다.

2. 멘토를 찾을 수 있다.

3. 업무역량을 향상시킨다.

4. 트렌드나 전문지식을 얻는다.

5. 통찰력이나 영감을 얻을 수 있다.

'300일 1일1독 프로젝트'는 자기계발 분야의 책읽기에 가장 최적화되어 있다. 당신은 자기계발서를 통한 배움을 지식으로 끝내지 마라. 당신을 변화시키는 것은 배움을 통해 실행할 때만 가능해진다. 실행하지 않으면 한낱 공허한 외침에 지나지 않는다. 실행은 배움과는 또 다른 기술이 필요하다. 매일 10개를 배우면 최소한 1개는 실행할 수 있어야 삶의 진정한 변화가 시작한다.

300일 1일1독 프로젝트 key point 17

내가 좋아하는 장르를 선택하라

01 관심분야의 책을 읽어라

02 1일1독을 통해서 기준과 원칙을 정하라

03 직장인은 자기계발서를 중심으로 독서하라

04 배움을 배움으로 끝내지 말고, 반드시 실행하라

05 광독서법은 자기계발 분야에 최적화된 독서법이다

책읽기 편한 장소를 찾아라

책읽기 편한 당신만의 공간을 찾아라

사람들이 좋아하는 책읽기 장소는 어디일까? 주로 집에서 가장 많이 읽고, 직장, 카페, 도서관, 서점 순이다. 나는 장소를 가리지 않고 책을 읽지만, 아무래도 최적의 환경이 구축되어 있는 집이 좋다. 그렇다고 반드시 집이 아니면 책을 읽지 못한다는 것은 아니다. 이동시간 중에도 책을 읽을 수 있고, 카페에서 책읽기를 하는 경우도 있다. 나의 경우, 책을 읽을 때는 집중도를 높여야 한다고 생각하기 때문에 최대한 조용한 공간을 선호한다. 항상 준비하고 다니는 것이 귀마개이다. 이동할 경우 또는 소음이 있는 공간에서 책을 읽을 경우에 대비해서다. 내 가방에는 항상 한 쌍의 귀마개가 있다.

'300일 1일1독 프로젝트' 120일이 경과한 때이다. 한 번은 친구 집에 갈 일이 있어 지하철을 탔다. 약 40분 이상을 가야 했기 때문에 편하게 책을 꺼냈다. 그리고 소음이 약간 있어서, 귀마개로 귀를 막고 책을 읽기 시작했다. 집중해서 책을 읽고 있는데, 갑자기 머릿속에서 '내려야 할 때 아닌가?' 하는 메시지가 왔다. 나는 급하게 핸드폰을 켜서 전철의 노선도를 확인했다. 지금 지나가는 곳이 어디인지를 확인했다. 아직 3~4정거장 전인 것을 확인하고, 안심을 했다. 그때 책을 덮어야 했는데, 아! 이런, 조금 더 보겠다는 욕심에 4개 정거장을 더 지나쳐 내렸다. 약속시간이 지났다. 친구에게 미안하다는 문자메시지를 보냈다. 그리고 재빠르게 반대 정거장으로 가서 다시 탔다. 이렇게 왔다 갔다 하다 보니, 약속시간이 30분이 훌쩍 지났다.

"왜 이렇게 늦었니?"
"정거장을 잘못 내려서 다시 갈아타고 오느라!"
"쓰여 있는 대로 내리면 되지, 그것도 제대로 못 봤냐?"

친구는 기다리느라 약간 심드렁해 있었다. 나는 얼른 "미안 미안, 대신 오늘 밥은 내가 쏠게!"라고 말했다. 솔직히 '책을 읽다가 늦었어!'라는 말은 하고 싶지 않았다. 그 친구는 별로 책을 좋아하지 않는다. '내가 책 읽다 정거장을 놓쳤어!'라고 말을 하는 순간의 답이 예상된다.

"놀고 있네! 우리 나이에 무슨 책이니!"

어쨌든 책 읽는 것을 좋아한 덕분에 비싼 저녁을 샀다. 그래도 기분이 좋았다. 전철을 타고 이동하는 짧은 시간이었지만 책이 내 생각을 한 차원 높여주어서……

책읽기는 과학이다

나는 내 몸에 맞는 편안한 공간에서 책 읽는 것을 좋아한다. 이렇게 하기 위해서는 몇 가지 기본적인 환경이 세팅되어 있어야 오랫동안 기분 좋게 즐길 수 있다.

첫 번째는 의자이다. 의자는 상표만 보고 사게 되면 자신의 몸에 맞는지 확인할 수 없다. 직접 체험해보고 개인에게 맞는 의자가 좋다. 어느 정도 쿠션 감각도 있고, 키 높이가 조절되며, 등받이가 있으면 오래 앉아서 책을 읽기에 효과적이다. 오래 앉아서 책을 보다 보면 허리에 무리가 갈 수 있으므로 반드시 45분 책 읽고, 15분 휴식을 지킨다.

두 번째는 책상이다. 책상은 의자와 궁합이 맞아야 한다. 책상의 각이나 의자와의 관계를 고려하여 편안함을 느낄 수 있는 책상이 좋다.

세 번째는 책장이다. 책들의 크기가 다양하다. 책들이 질서정연하게 꽂혀 있게 하기 위해서는 크기가 중요하다. 개인적으로 A4 1장 정도가 들어갈 크기가 적당하다. 책장은 자주 읽는 책, 좋아하는 책, 다시 읽을 책으로 장르별로 구분하는 것이 좋다.

네 번째는 조명이다. 독립된 공간에서 장시간 책을 보면, 조도에 신경을 써야 한다. 눈이 쉽게 피로해지면 오래 동안 집중할 수가 없다. 천장 전체 조명과 스탠드를 함께 켜서 밝기를 조절하여 눈의 피로를 줄인다.

다섯 번째는 침대이다. 장시간 책을 읽다 보면 눈이 피로한 경우가 많다. 이럴 때는 잠시 동안 침대에서 편한 자세로 가수면을 취하는 것이 좋다. 나는 책을 읽다 피곤하면 침대에 누워서 스트레칭을 한다. 같은 자세로 오랫동안 책읽기로 굳어 있는 몸을 이완시켜주는 데 침대의 역할은 크다. 좋은 잠과 같이 연계되어 있는 부분이니 자신에게 맞는 침대가 좋다.

여섯 번째는 화분이나 햇볕이다. 화분은 녹색의 잎이 있는 식물이 좋다. 구즈마니아나 테이블 야자처럼 푸른색 잎과 꽃이 있으면 마음이 훨씬 안정이 된다. 햇볕은 자연과 개인의 오감을 연결하는 중요한 매개체이다. 햇볕과 자연의 공기가 잘 들어올 수 있는 환경이 좋다.

책읽기는 인간만이 할 수 있는 최고의 유희이다

책읽기가 습관이 되면서부터 아내에게 요구하는 것이 점점 늘어났다. 아내는 나를 이상한 사람으로 쳐다본다. 별난 사람으로. 책을 읽어보니, 주변 환경이 좋아야 읽는데 편안하고 즐거움이 생긴다. 책을 읽는 환경이 좋지 않으면 노역이 된다는 것을 알게 되면서 적극적으로 내 방을 꾸미기 시작했다.

"서현 엄마, 내 방으로 좀 와봐! 이 의자 보이지? 오래 앉아 있으니, 엉덩이가 너무 아파!"

아내는 '예전에는 한 번도 그런 말 하지 않던 사람이 갑자기 의자 타령이네.' 하는 눈빛이었다. 아내가 물었다.

"어떻게 했으면 좋겠는데?"
"웬만하면 의자 하나 사자. 그리고 이참에 스탠드도 좀 갈고!"

아내는 일견 수긍하면서도 까탈스럽게 말했다.

"책 읽는 데 요구사항 참 많네!"

책을 읽으면서 주변 환경을 나만의 서재로 만들고 싶은 욕심이 커진다. 그러다 보니, 생전 불평하지 않던 의자며, 책상이며, 책꽂이 등을 새롭게 바꾸고 싶다고 생각한다. 요즈음에 아내는 나에게 '노이로제 걸리겠다.'고 한다. 웬놈의 책을 그렇게 많이 사는지 일주일이 멀다하고 택배가 들어오니, 아내가 얼굴을 붉힐 만도 하다.

아내는 내가 책을 많이 읽는 데 대해서는 전혀 이견이 없다. 하지만 도서관에서 책을 빌려다 읽을 수도 있고, 중고서적을 살 수도 있는데, 굳이 새 책을 사서 읽는 것에 대해서는 이견을 가지고 있다. 나도 처음에는 책을 사지 않고 비용 효율적인 전자책을 읽으려고 했다. 그래서 아내를 설득해서 크레마 전자책을 샀다. 그때까지만 해도 아내는 내가 책을 읽는 데 대해서 아주 우호적이었다. 내가 책을 쓰기 위해서 전자책을 종이책으로 바꾸면서부터 심기가 안 좋아졌다. 내가 책을 쓰고 있는 것을 아내는 모르고 있다. 거기다 내 방을 서재로 꾸미겠다고 이것저것 사자고 하니, "그럴 거면 아예 집에다 도서관을 차리지!" 하고 불평을 한다.

나도 아내를 충분히 이해한다. 책을 좋아하는 사람들은 내가 왜 이런 행동을 하는지 알 것이다. 책에 관심이 있고 책읽기를 좋아하는 사람들은 책으로 인한 비용이 수월찮게 들어간다는 것을 안다. 책읽기와 글쓰기는 인간이 할 수 있는 최고의 창작품이자 유희이다. 이런 고급진 유희를 즐기기 위해 들어가는 비용은 당신을 위한 투자라고 생각하자. 책읽기는 실제 어떤 투자보다도 가치 있고, 투자 대비 효과가 강력한 상품이다.

300일 1일1독 프로젝트 key point 18

책읽기 편한 장소를 찾아라

01 책읽기 최적의 편한 환경을 만들어라

02 책읽기는 과학이다. 당신을 위한 책읽기 공간을 꿈꾸어라

03 책읽기는 인간이 할 수 있는 최고의 유희이다

04 1일1독으로 당신만의 책읽기 유희를 즐겨라

05 1일1독은 투자대비 효과가 가장 강력한 상품이다

주중과 주말의 책읽기를 다르게 하라

시간을 리디자인 하라

포근하고 편안한 마음. 감미로운 햇살. 신선한 공기. 토요일 아침이다. 나는 금요일 저녁부터 토요일 아침까지 시간대를 가장 좋아한다. 20여 년간 직장 생활의 패턴이 반영된 결과이다. 나는 '주중 5일은 직장에서 프로처럼 일하라!'는 신조를 가지고 있다.

회사는 말 그대로 전쟁터이다. 나는 전쟁터의 최일선을 지키고 있는 정보보안 업무를 담당하고 있어서 전쟁이란 말이 더 실감난다. 사이버 워는 지금 이 순간에도 지속적으로 일어나고 있다. 일반인에게는 보이지 않는 소리 없는 전쟁이 매일 발생하고 있다. 해커들은 먹잇감을 노리기 위해 사이버 공간에 숨어서 매일 기업들을 공격하고 있다. 누군지도 모르는 해커들의 공격으로부터 기업의 자원을 보호하는 것이 내 임무이다. 언제나 신경이 곤두서 있을 수밖에 없다. 가끔 전화오지 않던 사람이 너무도 차분히 내게 전화하면 가슴이 덜컥 내려앉는다. 혹시 무슨 일이 있는 건가? 이야기해보면 별일 아닌데……. 가슴이 쿵쾅거린다. 직업병 초기인가?

나는 이러한 회사의 스트레스로 인해 주말을 최대한 즐기려고 한다. 주말과 주중의 시간 관리는 매우 다르다.

주중과 주말 시간 관리전략

시간	일상(책읽기 이전)	주중(책읽기 이후)	주말(책읽기 이후)
1	잠자기	잠자기	잠자기
2			
3			
4			
5	기상/운동	기상/운동	
6		책읽기	
7	아침식사/출근	아침식사/출근	아침식사

시간			
8	업무 사전 준비	업무 사전 준비	아내와 산책
9			
10	업무	업무	책읽기
11			
12	점심식사/낮잠	점심식사/낮잠/책읽기	
13	업무	업무	점심식사
14			낮잠
15			목욕
16	업무	업무	책읽기 또는 대인관계
17			
18			
19	퇴근	퇴근	
20	저녁식사	저녁식사	저녁식사
21	휴식/TV	가수면(30분)	책읽기
22		책읽기	
23			잠자기
24	잠자기	잠자기	

주말은 최대한 나의 삶 위주로 관리를 하고, 주중은 최대한 일 위주로 관리를 한다. 회사의 업무를 수행하는 주중에는 마음이 여유로울 수 없다. 매일 해야 할 일들이 산더미처럼 쌓여 있다. 정보보안의 업무는 기업의 모든 자원을 방어해야 하기 때문에 범위가 방대하다. 나는 내외부 위협을 방어하기 위해 내가 가용할 수 있는 인력과 자원을 최대한 효율적으로 활용한다. 이런 활용을 통해서 위협을 사전에 방어할 수 있다.

기업들이 최적의 방어를 위한 몇 가지 원칙이 있다.

1. 프레임워크 기반의 원칙

2. 우선순위 기반의 리스크 처리

3. 시나리오 기반의 원칙

이 3가지 기본 원칙 외에 다양한 원칙과 기술을 활용해서 회사의 위협을 막는다. 이러한 위협을 막는 활동들을 수행하는 단내 팀장과 직원들은 피로는 매우 심하다. 항상 고맙고 감사하게 생각한다.

'300일 1일1독 프로젝트' 130일이 경과한 때이다. 주말에 아내와 산책을 갔다. 산책하면서 매번 느끼는 것이지만, 봄, 여름, 가을, 겨울의 느낌이 완벽히 다르다. 다니는 길만 같을 뿐이지 그 안에 있는 만물은 시시각각 다르게 다가온다. 1일1독 프로젝트를 진행하는 시간이 지남에 따라 자연에 대해서 오감을 느끼는 것이 자연스러워졌다. 풀잎에서 떨어지는 이슬들, 향긋한 풀 냄새, 한 무더기의 조그마한 새들이 풀잎 사이를 지나가면서 내는 소리들이 정겹게 느껴진다. 더 깊게 관찰하고, 호기심을 갖게 되었다.

아내는 꽃과 나무를 좋아한다. 산책하면서 매번 꽃과 나무에 대해서 알려준다. 아내는 산책하면서 보이는 꽃을 사진 촬영하고 의미를 사진 속에 저장한다. 나는 산책을 하면서 보이는 꽃들이 이름 없는 들꽃들일 줄 알았는데, 대부분의 꽃들은 꽃말과 의미를 가지고 있다는 데 놀랐다. 산책하면서, 풀숲 사이에 있어 잘 안보이던 꽃을 발견했다.

"와! 이 꽃 예쁘네. 무슨 꽃이야?"

아내도 잠시 생각했다.

"낭아초일 것 같은데!"

그리고 네이버 렌즈를 통해서 확인했다.

"맞네, 낭아초! 꽃말이 '사랑의 노래를 부르는 꽃'이고, 전설이 있네!"

이 꽃의 이름은 특이하고 꽃말이 예뻐서 기억에 남았다. 산책을 하다 보면 꽃과 나무 이름을 새로 알게 된다. 새로운 기쁨이다. 이름과 의미를 몰랐을 때 꽃을 보면 그냥 이름 없는 하찮은 꽃들이라고 생각했다. 모두가 이름과 꽃말을 가지고 있는 소중한 존재들이었다. 산책로 곳곳에 예쁘고 아름다운 야생초들이 많이 피어 있다. 책을 좋아하게 되면서 관심을 가지니 존재하는 것들이 모두 귀하게 여겨진다. 주말은 자연과 함께할 수 있는 여유로움이 있어 좋다. 나의 생각을 새롭게 바꾸고 힐링할 수 있어 좋다.

주중과 주말의 독서방법을 다르게 하라

주중에 회사 내에서 책읽기는 스캔독서와 선택독서를 위주로 한다. 스캔독서란 책의 핵심적인 정보를 수집하고 읽는 독서이다. 선택독서란 책 목차를 보고, 꼭 필요한 꼭지만 읽는 독서를 말한다. 주중에 두 가지 방법을 주로 쓰는 이유는 바쁜 시간에 효율적으로 책을 읽어야 하기 때문이다. 주말은 좀 더 여유롭기 때문에 주중에 본 책 중에 내용이 좋아서 한 번 더 읽을 만한 책이 있는지 고른다. 그리고 별점 4.5점 이상 받은 책에 대해서는 스캔독서와 선택독서가 아닌 정독을 한다. 같은 책을 주말에 다시 보면, 주중에 봤던 것과는 또 다른 느낌으로 내게 다가온다. 주중은 1일1독하고, 주말은 1일 다독한다. 주중에 책을 1페이지로 요약한 내용을 주말에 전체적으로 다시 한 번 본다.

주중에는 6시간 정도 자지만 주말엔 8시간 정도 잔다. 적당하게 잠을 자면 집중력이 훨씬 상승한다. 책읽기는 단기 전투가 아니다. 평생 즐겨야 할 인생 게임이다. 단기간에 전투력을 올리기 위해 무리하면 금방 지친다. 금방 지치게 되면 흥미를 잃어버린다. 이런 슬럼프를 넘고 다시 한 번 동기부여 하기 위해서 많은 시간이 소요될 수 있기 때문에 적절한 보상이 필요하다. 일주일에 하루는 열심히 일한 자신에게 리워드를 준다. 내가 좋아하는 음악을 듣거나, 거품향 이는 목욕을 한다. 이러한 보상의 시간이 있어야 더 즐겁게 책을 읽을 수 있다. 가끔은 못 보던 친구들도 만나서 관계를 돈독히 한다. 세상은 어차 피 혼자 살아 갈 수 없다. 사람들과 관계를 맺음으로써 사람들을 이해하고, 자신의 상처를 치유 받기도 한다. 열심히 살다 보면 하루 정도는 샛길로 갈 수 있다. 어차피 목표가 정해져 있기 때문에 큰길에서 다시 만날 것이다. 하루 정도의 일탈은 어쩌면 더 세상을 열심히 살기 위한 선물일 수 있다.

300일 1일1독 프로젝트 key point 19

주중과 주말의 책읽기를 다르게 하라

01 시간을 리디자인 하라

02 주중과 주말의 시간계획을 다르게 하라

03 주말과 주중의 독서 방법을 다르게 하라

04 주중에 읽은 책 중에 괜찮은 책은 주말에 다시 읽어라

05 주말에는 책읽기에 대한 보상을 주어라

06 여러 가지 독서법을 통합한 광독서법으로 독서를 즐겨라

출근 전,
점심시간, 퇴근 전,
하루 3번 읽어라

하루 3번 책읽기 하라

하루에 3번 책읽기가 가능할까? 시간을 어떻게 관리하느냐에 따라 충분히 가능하다. 주중에는 오래 책을 있는 것보다 짬짬이 시간을 이용해서 책을 읽는 것이 효율적이다. 퇴근하기 전까지 1~2시간씩 책 읽는 시간을 만드는 것은 어렵다. 짧게 여러 번 읽는다. 여러 번 읽다 보면, 기억도 오래간다. 나는 5시~6시 사이에 새벽독서를 한다. 실제 독서하는 시간은 45분 정도이다. 옷 갈아입는 시간, 밥 먹는 시간 등 잡다한 행동들을 아침 6시 20분 이전까지 끝내고 회사로 출발한다.

새벽독서 때는 핸드폰의 알람 시간을 정확하게 지킨다. 이전에 핸드폰에 알람시간을 맞추어 놓지 않고 책을 읽다 회사에 늦은 경험이 있어, 책을 읽기 전에 핸드폰의 알람부터 확인하는 습관을 가지고 있다. 새벽 독서는 집중력이 최고이다. 45분 정도 읽지만 실제 독서력, 이해력, 집중력 모두 좋은 상태이기 때문에 점심이나 오전보다 훨씬 많은 내용을 읽고 이해할 수 있다. 이해하기 쉽고 간단한 책은 45분이면 한 권을 읽는 데 무리가 없다. 새벽에 책이 잘 읽어 질 때는 왠지 기분도 상승이 된다.

'300일 1일1독 프로젝트' 150일이 경과한 때이다. 그날도 새벽에 1독하고, 상쾌한 공기를 마시며 출근을 위해 밖으로 나왔다. 차를 탔다. 시동을 걸고, 평소와 같이 무의식적으로 음악 버튼을 눌렀다. 깔끔한 DJ 목소리가 흘러나왔다. 귀에 익은 DJ의 목소리가 귓가에 머물렀다. 음악이 흘러나왔다. 감미로웠다. 갑자기 내 머릿속에 행복이란 단어가 떠올랐다.

'이 기분은 뭐지?'

최근에 느껴보지 못한 기분이었다. 요즈음 약간 슬럼프다. 내 스스로가 자신을 괴롭혔다. 벗어나야지 하고 마음먹지만 잘 안 된다. 이 노래를 들으면서 내 가슴 밑바닥에서 뭔가가 꿈틀거렸다.

'그래, 행복은 사소한 거야.'

행복은 한방이 아니라 사소한 것의 모음이라는 말이 생각났다. 후에 노래를 다시 듣고 싶었다. 가수는 몰랐다. 제목은 〈fine〉이었다. 나를 잠시 아주 잠시 행복하게 해준 노래였다. 이 노래가 행복이라는 감정을 다시 깨웠다. 행복이 깨어나니 다른 즐거운 감정들이 깨어나기 시작했다. 나는 너무도 사소한 것에서 바뀌었다. 그 한순간을 만들기 위해 많은 노력을 한 것 같다. 3분도 안 되는 순간에 나의 뇌는 10차원 이상 되는 시간과 공간의 흐름을 넘나들며 내 초자아와 만난다. 내 초자아는 나에게 명령한다.

'오늘을 즐겨라. 이 시간을 즐겨라. 이 순간을 즐겨라.'

순간이 만나 영원이 되고 50년 후의 내가 된다는 생각이 들었다.

하루 3번 책읽기의 핵심은 점심시간이다. 점심시관 관리를 어떻게 하는가에 따라 매일 3번 책 읽는 습관을 만들 수 있다. 점심은 최대한 빨리 먹는다. 대략 20분 이내에 해결한다. 어떤 때는 단식을 위해서 점심을 건너뛴다. 일주일에 한두 번 간헐적 단식을 한다. 간헐적 단식은 몸에 밸런스를 잡아주는 데 좋다. 과식이나, 운동부족으로 인해 체중이 는다는 느낌과 배가 부르다는 느낌이 들 때는 과감하게 점심 단식을 한다. 매일 아침 운동하기 전에 체중을 잰다. 단식을 하게 되면 늘어난 1kg 체중을 다시 되돌릴 수 있다. 배가 부르지 않은 상태를 유지하기 때문에 기분도 좋다.

점심 식사를 한 후에 10~20분 정도 가수면을 취한다. 가수면을 취하지 않으면 오후 내내 업무하기가 힘들다. 회의 참석 시에 계속 잠이 쏟아진다. 오후에 정상적인 업무를 위해서 반드시 가수면을 한다. 점심을 먹고 가수면을 한 후에 약 20분 정도 책 읽을 시간을 만들 수 있다. 오전에 업무 때문에 바빠서 읽은 책에 대한 정리를 제대로 하지 않은 부분이 있다면 점심시간에 마무리한다. 오전에 정리가 끝났다면 전체를 1페이지로 요약한 내용을 읽는다. 내 머릿속에서 점으로 이루어져 있는 내용들이 선으로 만들어지면서 기억에 오래 남게 된다.

18시에 업무가 끝나면, 1일1독한 내용을 대략적으로 정리한다. 약 5분 정도 핸드폰에 1페이지로 요약된 내용을 죽 훑어본다. 한 번 더 기억하는 시간을 갖는다. 이렇게 하면 1일 3번, 아침, 점심, 저녁 시간을 이용해서 책을 보는데 무리가 없다. 1일 3번 책을 읽으면 대부분 읽는 내용을 쉽게 기억한다. 인간은 망각의 존재이다. 많은 것을 배우지만 잊어버린다. 배울 때 잠시 모든 것을 기억하는 것 같지만, 하루가 넘어가면 70%의 배운 기억이 사라진다. 뇌는 모든 것을 기억하기 않는다. 단기 기억장소인 해마에서 단기기억을 저장하고 있다. 지속적인 학습을 하지 않으면 바로 삭제된다. 인간이 불완전한 이유이자, 더 많은 것을 쉽게 배울 수 있는 이유이기도 하다.

당신의 내면 안에 잠들어 있는 메신저를 깨워라!

직장인은 퇴근 후에 저녁시간을 만들기가 쉽지 않다. 업무 관련된 사람들을 만나기도 하고, 직원들과 회식하는 경우도 있고, 배우고 싶은 내용들이 있으면 배우러 가야 한다. 최근에는 코로나로 인해 비대면이 확산되면서 자연스럽게 저녁시간이 만들어졌다. 책을 읽는 사람들에게는 2시간 정도가 생겼다. 자기계발을 더 할 수 있는 황금시간이 생겼다.

회사에서 집으로 돌아오면 대부분의 직장인들은 파김치가 된다. 여기에 식사를 하게 되면, 바로 피곤이 몰려온다. 그냥 자버리면 다음날 아침이다. 허망할 수 있다. 나는 매일의 피곤함을 덜 하는 방법으로는 가수면을 사용한다. 가수면 시간은 약 30분 정도이다. 30분 정도 가수면을 하고 나면 피곤이 없어지고 몸이 가벼워지면서 자기계발을 할 수 있는 저녁시간이 생긴다. 이것 이외에도 책을 꾸준하게 읽기 위해서는 장기적으로 피곤함을 없애기 위한 자신만의 방법이 필요하다. 피곤이 쌓이면 집중력이 떨어져서 책을 읽거나 글을 써도 제대로 진행이 안 된다.

내가 생각하는 평소의 피곤함을 덜어주는 방법이다.

1. 음식을 잘 먹음으로써 피곤함을 없앤다 :

   양파즙, 비타민 B, C 등을 먹는다.

2. 주말에 충분히 잠으로써 피곤함을 없앤다 : 7~8시간 잔다.

3. 의식 훈련으로 피곤함을 없앤다 :

   잠재의식 프로그램을 통해 피곤함을 없앤다. 즐거운 생각을 한다. 고정

   관념을 깨고 몰입의 상태를 만든다.

4. 좋아하는 일을 함으로써 피곤함을 없앤다 :

   음악을 듣거나, 요가를 하거나, 명상을 한다.

나는 오늘도 내가 좋아하는 노래를 듣는다. 아주 진한 목소리의 재즈, 내 몸을 후끈 달아오르게 하는 블루스, 영혼을 순수하게 하는 피아노 클래식, 중고등학교 때 너무 좋아했던 팝스, 이 모든 노래가 나의 잠재의식 어딘가에 깊숙이 숨어 있다. 갑자기 어디선가 이런 노래의 한 조각이 들리면, 이 노래가 메신저가 되어 나의 뇌와 교신을 시작한다. 고구마 줄기처럼 끊임없이 기억의 파편들과 이 메신저가 엮인다. 나의 즐거움은 배가된다. 향수에 취하게 된다. 일상이 너무 판에 박혀 있거나 드라이할 때, 자기 내면의 어딘가에 숨어 있는 군집체들과 교신할 수 있는 조그만 단서를 찾아봐라! 1일1독으로 당신의 잠재의식 속에 다양한 정보의 파편들을 쌓아 두어라. 이런 정보의 파편들인 음

악, 건강, 부자, 돈, 정의, 행복, 평화 등이 메신저가 되어 당신을 깨울 수 있도록 내면에 조용히 귀 기울여라! 조그마한 메신저 하나가 어느 순간 눈덩이처럼 커져서 당신을 일으켜 세울 것이다.

300일 1일1독 프로젝트 key point 20

출근 전, 점심시간, 퇴근 전, 하루 세 번 책읽기 하라

01 알람으로 책읽기 데드라인을 정해라

02 일주일 두 번 단식하라. 몸의 밸런스를 맞추는 데 효과적이다

03 점심, 저녁 시간대에 탄력적으로 가수면하라

04 1일1독을 위해서 피곤함을 덜하게 하는 방법을 배워라

05 1일1독을 통해서 내 안에 잠들어 있는 메신저를 깨워라

06

책 속의 책에서 인생책을 찾아라

책 속의 책으로 To do list 만들어라

작가들은 자신의 책 속에 인생 책들을 포함시킨다. 책읽기 초보자들의 경우 무슨 책을 읽어야 할지 고민을 하는 경우가 많다. 나는 '300일 1일1독 프로젝트'를 하다 보니, 일주일에 한번 다음 주에 읽을 책을 정리하지 않으면 1일1독을 하기 쉽지 않다. 책 속에서 나오는 책들을 내가 엑셀 파일로 만들고 관리하는 이유이다.

번호	제목	작가	일정	비고

　나는 정보보안과 관련 책들도 책 속의 책에서 발굴하여 목록을 관리하고 있다. 해커들은 매번 공격수법을 바꿔가면서 기업을 정교하게 공격하고 있다. 방어팀은 항상 경계를 유지할 수밖에 없다. 방어를 위해서는 다양하고 정교해지고 있는 공격기법들을 사전에 간파하고 이에 대응해야 하는 부담이 크다. 해커는 범죄자이다. 범죄자들이 기업을 노리는 이유는 간단하다. 돈이다. 돈이 될 만한 자원은 무엇이든 해커의 먹잇감이다. 기업에서 가지고 있는 개인정보나 기업정보는 모두 돈이 될 수 있다. 해커는 이러한 정보를 기업에서 탈취해서 원하는 제3자에게 판매한다. 한 기업에서 탈취한 정보를 이용해서 다른 기업들을 공격하는 데 사용한다. 악순환이 계속해서 일어난다.

　기업은 자원을 보호하기 위해서 돈을 투자한다. 기업은 효과적이고 생산적인 방법으로 돈을 투자하기를 원한다. 기업의 자원을 보호하기 위해 얼마의 돈을 투자하는 것이 적정한가? 정보보안은 IT투자 금액의 최소 5% 이상을 투자를 해야 한다고 생각한다. 이는 가정일 뿐이다. 기업마다 처한 상황이 다르기 때문이다. 지금까지 한 번도 정보보호에 투자하지 않았던 기업이 5%를 투자하는 것과 계속 잘하고 있는 기업이 5%를 투자하는 것이 차이가 크다.

기업이 정보보호에 투자하기 위한 몇 가지 원칙이 있다.

1. 보호해야 할 대상이 무엇인지 명확히 한다.

2. 우선순위를 무엇에 두고 보호할 것인지 고려한다.

3. 보호해야 할 대상 어떻게 연결되어 있는지 파악한다.

4. 보호해야 할 대상을 지속적으로 모니터링하고 분석한다.

5. 이상 징후가 발생하면 신속히 조치한다.

왜 기업의 자원을 완벽히 보호하기 어려운가? 기업의 자원은 라이프사이클을 가지고 있다. 이러한 자원을 보호하기 위해서는 정보보안도 라이프사이클 관점의 보안이 같이 이루어져야 한다. 특히 기업에 들어오는 장비들은 HW와 임베디드된 SW를 탑재하고 있다. HW와 SW는 완벽한 버전이 아니기 때문에 지속적인 업데이트를 한다. 이러다 보니 버전 관리가 반드시 필요하다. 오래된 버전은 보안 취약점, 기능 미비점 등을 가지고 있다. 버전을 업데이트 하지 않으면 취약점을 가진 채로 불완전하게 사용할 수밖에 없다.

기업에서 이런 것들이 골치 아픈 이유는 HW, SW 종류도 많고, 시스템도 수백에서 수만 대를 가지고 있기 때문이다. 모든 시스템의 업그레이드를 한 번에 할 수 있는 방안도 없고, 업그레이드를 한다고 해도 상용화 적용 전에 수십 번의 테스트를 해야 한다. 이런 사전 테스트를 하지 않으면 장애의 원인이 된다. 기업의 시스템 운영자는 장애로 인해 보수적으로 될 수밖에 없다. 될 수 있으면 시스템에 손을 대지 않고 그냥 굴러가도록 하는 것이 장애를 줄이고 안정적으로 운영하는 최고의 방법이기 때문이다.

이러한 상황은 레거시 시스템을 많이 가지고 있는 기업에서 더 많이 나타난다. 오히려 신생기업들이나 SW기업들은 클라우드를 사용하거나 자동화된 버전관리체계를 가지고 있어 신속히 업그레이드가 가능하다. 우리나라에 이런 기업은 소수이다. 아직 우리나라의 대부분의 기업들은 다양한 레거시 시스템을 가지고 있다. 시스템 투자비용 때문에 한번에 모두를 바꿀 수 없다. 점진적인 개선을 하고 있다. 보안 투자를 5%씩 하고 있는 기업들에서는 시스템의 레볼루션이 현실적으로 불가능하다. 그럼에도 불구하고 기업들은 해커로부터 기업의 자원을 보호해야 한다. 아무리 적은 투자를 하더라도 해커들은 막아야 한다. 기업 스스로 해커보다 높은 역량을 키워야 한다. 그러기 위해서는 책을 통해서 상상하는 보안을 추진해야 한다. 해커보다 더 뛰어난 상상력을 가지고 효율적인 방법으로 기업을 보호해야 한다.

혁신의 원천 '정보보안 100플랜'

나는 책 속의 책에서 '시카고 플랜'을 알게 되었다. 깊은 감명을 받았다. 한 사람의 생각이 독서를 통해 대학 전체를 바꾸고 사람들의 인생을 통째로 바꾸었다는 사실이 나에게 큰 깨달음을 주었다.

미국의 대부호 록펠러는 시카고대학을 설립했다. 1892년 설립부터 1929년까지 40여 년간 소문난 삼류 대학이었다. 그런데 1929년 시카고대학의 제5대 총장으로 취임한 로버트 허친스 총장은 '시카고 플랜'을 시행했다. '시카고 플랜'은 세계의 위대한 고전 100권을 외울 정도로 읽지 않으면 졸업을 시키지 않는 독서교육이었다. 시카고 대학생들은 '시카고 플랜'이 발표되자 어쩔 수 없이 100권의 고전 철학을 읽었다.

그러면서 시카고 대학생들의 생각에서 큰 변화가 시작됐다. '시카고 플랜'이 시작된 1929년부터 2000년까지 졸업생들이 받은 노벨상만 73개에 이른다. '시카고 플랜'을 만든 허친스 총장은 아래와 같은 이념을 가지고 계획을 추진했다.

1. 모델을 정하라 : 당신에게 가장 알맞은 모델을 한명 골라라.
2. 영원불변한 가치를 발견하라 : 인생의 모토가 될 수 있는 가치를 발견하라.
3. 발견한 가치에 대하여 꿈과 비전을 가져라.

나는 내가 맡고 있는 단의 인력역량 향상과 조직문화를 어떻게 가져갈지, 어떻게 하면 직원들의 만족도와 생산성을 높일지 항상 고민한다. AI와 4차 산업혁명 시대에 빠르게 대응하기 위해서 단 임직원 모두 혁신적인 변화가 필요하다.

변화의 동인을 '정보보안 100플랜'으로 시작하려고 한다. '정보보안 100플랜'이란, 국내외 출판되어 있는 정보보안관련 최고의 도서 100권을 선정한다. 단에 있는 직원들 모두 최고의 보안 경력을 가지고 있다. 보안이 주 업무인 단의 임직원들보다 더 보안도서를 잘 선정할 사람은 없다. 보안을 해오면서 읽었던 정보보안 최고의 책을 2권씩을 추천받는다. 모두의 참여로 100권이 선정되면, 단내 도서관에 비치하고 누구든 빌려볼 수 있도록 하고 있다. 이를 통해서 자기계발뿐만 아니리 업무의 획기적인 향상을 기대하고 있다. 또한 롤모델과 삶의 방향성을 통해서 10년 후 모두가 성공의 위치에 당당히 서 있는 사람으로 만들려고 한다. 나는 단 직원들에게 세 가지 과제를 수행토록 할 예정이다. 아무리 좋은 일도 강제적으로 하다 보면 문제를 일으킬 수 있다. 자율적인 참여가 원칙이다.

1. 자신의 롤모델을 만들자.
2. 영원불멸한 가치를 발견하자. 인생의 모토가 될 수 있는 가치를 발견하자.
3. 회사의 비전과 자신의 꿈을 연계시켜 일과 삶에서 모두 성공하자.

나는 직원들이 모두 정보보안전문가로 성장하기를 원한다. 누구나 정보보안단에 있으면 국내외 최고의 전문가라고 인정받기를 원한다. 직원들이 최고로 선정한 정보보안 100권의 서적을 읽는다면, 단 직원은 누구나 국내 최고의 전문가가 될 수 있다. '정보보안 100플랜'은 직원들의 업무역량을 최고로 만들 수 있고, 꿈과 상상력으로 무장되어 회사와 삶에서 모두 성공할 수 있게 희망을 줄 것이다. 큰 그림이 있는 것과, 큰 그림이 없이 나무만 보고 살아가는 삶은 결과가 크게 차이 난다. 큰 그림인 '정보보안 100플랜'으로 직장과 삶에서 모두 성공할 수 있도록 하겠다.

300일 1일1독 프로젝트 key point 21

책 속의 책에서 인생책을 찾아라

01 책 속의 책을 관리하기 위해 'To do' 리스트를 만들어라

02 1일1독을 위해서 일주일 한번 엑셀 파일 리스트를 관리하자

03 기업보안을 강화하기 위해 책을 통해서 상상 보안을 추진하라

04 혁신의 원천 '정보보안 100플랜'을 추진하자

05 '정보보안 100플랜'으로 일과 삶에서 모두 성공하자

07

정독의 고정관점을 던져버려라

당신을 감동시킬 한 문장을 찾아라

'300일 1일1독 프로젝트' 이전에 나는 책을 읽고 교양을 쌓겠다는 생각에 자신에게 맞지 않은 책읽기를 경험한 적이 있다. 책의 페이지 수는 700페이지가 넘었다. 뇌 관련 책이었는데, 이해하기 어려웠다. 평범한 책읽기를 했던 내가 그런 책을 겁 없이 도전한 이유는 베스트셀러라는 타이틀 때문이었다. 많은 사람이 읽고 공감한 책이니 나도 한번 읽어봐야겠다는 생각이 컸다. 그 이후로 6개월 정도 책읽기를 하지 않았다. 질렸던 것이다. 책읽기가 무서웠다.

저렇게 두꺼운 책을 언제 다 읽나, 걱정이 됐다. 읽어도 내용도 잘 이해는 되지 않고, 이해하며 꼼꼼히 읽으려 하니, 한 장 읽는 데도 몇 분이 걸렸다.

'주변에는 눈요기 할 것들이 쌓여 있는데, 이렇게까지 어렵게 책을 읽어야하는가?' 하는 생각이 들었다. 뇌의 유혹에 넘어갔다. 책읽기 시작한지 이틀만에 포기했다. 작심 3일도 가지 못했다. 이를 통해서 책에 대한 두려움이 커졌다. '300일 1일1독 프로젝트'처럼 전략적 책읽기에 대한 경험이 없었기 때문에 사람들은 모두 정독을 한다고 생각했다. 그 책을 읽은 사람들이 위대해보이기까지 했다. 저렇게 두꺼운 책을 읽고 분석한 내용을 글로 올리고, 비평글을 쓰고, 자기 생각을 정리해서 다른 사람을 설득한다는 것이 나와는 차원이 다른 세계의 사람이라고 생각했다. 누군가 좀 더 현실적인 책읽기 방법을 가르쳐주었다면 나는 그때부터 책읽기에 몰입할 수 있지 않았을까 생각한다.

사람들은 인생을 살면서 다양한 경험을 한다. 실패의 경험이 어떤 때는 약이 되는 경우가 더 많다. 만약에 내가 그때부터 책읽기를 잘했다고 하면 지금나와 같은 절박한 심정이 되지 않았을 것이다. 책읽기가 당연한 것으로 느껴졌을 것이다. 더욱 절박한 상황이 자신을 더욱 더 특별하게 만들어가지 않을까?

1일1독의 힘

오랜 옛날, 왕이 나라의 모든 현자를 모아 놓고 "백성들이 살아가면서 익혀 두어야 할 귀감이 될 만한 글을 올려라."라는 명을 내렸다. 현자들은 세상의 지혜를 모은 12권의 책을 만들어 왕에게 바쳤으나 왕은 "백성들이 읽지 않으면 소용이 없으니 책의 분량을 줄여라."라고 하였다. 현자들은 책을 6권으로 줄이고 또 줄여 단 한 권의 책으로 만들었다. 왕은 "여전히 책이 두껍다." 하였다. 현자들은 한 권의 책을 한 장으로 줄이고 또 줄여 한 문장으로 만들어 바쳤다. 이를 본 왕은 매우 만족해하면서 "바로 이것이다. 이것이야말로 여러 시대 지혜의 결정체다. 이 문구대로 백성들이 실천한다면 문제는 다 해결될 것이다."라고 매우 흡족해하였다. 총 12권의 책에서 뽑아낸 단 한 문장은 무엇이기에 임금이 만족한 것일까? 그것은 다름 아닌 '세상에 공짜는 없다.'이다.

이 사례에서 보는 것처럼 모든 책은 한 단어에서 시작한다. 단어가 모여 한 문장이 되고, 문장이 모여 글이 되고 글이 모여 책이 된다. 책을 읽을 때 독자의 입장이 아닌 작가의 입장에서 생각해보자. 모든 책은 작가가 자기의 논리를 주장하기 위해 사례, 근거를 포함한다. 작가의 주장인 결론이나 핵심내용은 책의 내용 중 10% 수준이다. 대부분의 내용은 주장을 뒷받침하기 위해 경험, 사례, 근거 등이다. 10%의 핵심을 찾아내기 위해 책의 100%를 읽는다는 것은 대단히 비효율적이다. 책읽기 목적을 어디에 두고 읽느냐에 따라 다르겠지만 대부분의 직장인들 빠른 시간 내에 효율적인 책읽기가 필요하다. 정독보다 선택독서가 필요하다.

책의 가격이 아닌 가치를 느껴라

직장인들이 책을 읽기 어려운 이유가 무엇인지 파악해봤다. 주로 10가지 이유로 책읽기를 어려워한다.

1. 책읽기 시간을 확보하지 못해서.
2. 적합한 독서법을 몰라서.
3. 책읽기와 업무력 향상간의 긍정적인 관계를 신뢰하지 못해서.
4. 심리적으로 일상에 쫓기기 때문에.
5. 책을 읽게 되면 눈치를 보게 되고, 직장 내 집중하지 못하는 어려운 환경을 가지고 있어서.
6. 책을 읽어봐야 직장에서 크게 도움이 되지 않아서.
7. 책의 내용이 현실과 동떨어져 있고, 현장 경험이 훨씬 중요하기 때문에.
8. 삶에 지쳐 있고 분주하게 살아가기 때문에.
9. 직장에서 무슨 책을 읽어야 도움이 될지 몰라서.
10. 하루를 들여다 보면 책장 한 장 넘길 시간이 없는 것보다는 마음이 주는 여유를 찾지 못해서.

위에서 보는 것처럼 직장인들이 책을 읽는 데 많은 허들이 있음을 알 수 있다. 같은 환경이라면 좀 더 쉽고 편하게 읽을 수 있는 방법이 필요하지 않을까 생각한다. 나는 중요한 부분을 핵심적으로 읽고, 읽은 부분에 대해서 오래 기억하기 위해 광독서를 한다. 정독의 굴레를 벗어나기만 하더라도 조금은 즐겁게 책을 읽을 수 있다.

누군가가 나에게 비싼 책 사서 다 읽지 않고 책장에 꽂아둘 거면 왜 책을 사냐고 말을 했다. 이 말은 얼핏 들으면 대단히 합리적인 이야기다. 읽지 않을 것이라면 아예 살 생각을 하지 말라는 뜻이다. 이는 잘못된 생각이다. 우리는 책을 읽을 때 한 문장, 한 단어를 찾기 위해서 책을 읽는다. 그 한 단어가 한 문장이, 당신의 인생을 송두리째 바꾸어 놓는다고 생각하면 어떻겠는가? 한 페이지를 읽더라도 그 안에서 무엇인가를 발견했다면 매우 성공적인 책읽기가 아닐까?

대부분의 책의 가격이 2만 원 수준이다. 물론 어떤 사람들에게는 비싼 금액이다. 성공한 부자들은 말한다.

"가격에 현혹되지 말고 그 상품이 가지고 있는 진정한 가치를 봐야 한다!"

누군가에게는 인생과, 철학과, 우주가 담겨 있는 책의 가치를 가격으로 평가하는 것은 무의미하다. 책이 가지고 있는 가치는 당신의 삶을 한 차원 높은 세계로 이끌고 갈 것이다. 1일1독의 가치는 무한하다.

08

목적을 정해놓고
책읽기 하라

목적의식을 가지고 책을 읽어라

나는 이루고자 하는 목적을 정해놓고 책을 읽는다. 목적을 가지고 책을 읽는 것과 목적 없이 책을 읽는 것은 성과 측면에서 상이한 결과가 나온다. 목적을 정해놓고 책을 읽으면 목적에 맞게 행동함으로써 목표를 빠른 시간 안에 달성할 수 있다. 목적 없이 책을 읽으면, 그냥 책을 읽었다는 데 만족한다. 뭔가 공허함이 든다.

'왜 읽었지?'

회사에서 업무하는 데 가장 중요한 것은 직원들이 목적의식을 가지고 일하는 것이다. 나는 항상 일을 하기 전에 왜 일을 하는지, 목적이 무엇인지 고민한다. 회사는 최근 'Back to basic'이라는 말을 자주 쓴다. 기본이 튼튼해야 회사가 성장할 수 있기 때문이다. 기본이 되어 있지 않으면 공든 탑이 무너지는 것은 한순간이다. 기본으로 돌아가서 목적을 점검하는 일은 굉장히 중요하다. 과도한 목적인지, 왜곡된 목적인지, 축소된 목적인지 스스로 점검해본다.

1. 과도한 목적인가?

보안 위험은 기술적으로 최고급 레벨부터, 손쉽게 위협을 제거할 수 있는 최하위레벨로 구분할 수 있다. 위협을 막는다는 가정을 할 때, 과도한 목적을 가지고 모든 위협을 막으려고 하는지 점검이 필요하다. 기술적으로 최고급 레벨의 보안위협에 대응하기 위해서는 큰 규모의 투자가 수반되어야 한다. 대부분의 기업에서는 예산과 자원이 한정되어 있기 때문에 확률적으로 우선순위를 가지고 투자할 수밖에 없다. 위협이 있다고 모든 것을 투자하겠다고 하는 순간 기업은 비용을 감당할 수가 없다. 회사의 모든 위협을 막겠다는 과도한 목적은 오히려 회사에 해를 입힐 수 있다.

2. 왜곡된 목적인가?

다양한 악성코드의 위협으로부터 개인의 PC를 지켜 주는 것이 백신 프로그램이다. 대부분 자동으로 백신을 PC에서 작동하게 한다. 보고가 올라왔다. 한 직원이 악성코드가 감염되어서 치료를 했다는 것이다. 원인을 파악해 보라고 했더니, 그 직원의 말에 어이가 없었다. 회사에서 백신 깔라고 해서 깔았는데, 동작시키라는 말은 하지 않아서 백신을 동작시키지 않았다는 것이다. 백신을 깔아야 하는 목적을 알지 못했기 때문에 해야 할 필요성을 느끼지 못한 사례이다.

3. 축소된 목적인가?

회사는 수많은 조직으로 구성되어 있다. 조직들은 자기의 역할과 책임을 가지고 있다. 각자의 조직들은 역할과 책임(Role & Responsibilities)속에서 목표를 부여받는다. 조직의 장은 이 목표를 달성하기 위해 적은 리소스를 가지고 최대의 효과를 내야 한다. 대기업일수록 조직의 R&R이 분명하다. R&R이 분명하면 상호간의 협조가 이루어지지 않는 경우가 많다. 자기 조직의 목표를 달성하는 것이 조직의 성과와 연관되어 있기 때문에 최우선이라고 생각한다. 회사 전체 관점에서 보면, 부서 우선주의로 인해 부분 최적화는 잘 진행되고 있지만, 전체 최적화가 되고 있지 않아 손해를 본다.

불필요한 목적들을 모두 제거하면 최소한의 비용으로 최단 시간 안에 원하는 결과를 얻을 수 있다. 이런 목적중심적 생각은 책읽기에도 똑같이 적용하고 있다. 불필요하게 과도한 책읽기를 하는 것은 아닌지, 이유를 알지 못하고 남들이 베스트셀러라고 하니 그냥 책을 읽는 것은 아닌지, 내 삶의 방향성과 연계시키지 않고 그때그때 기분에 따라 책읽기를 하는 것은 아닌지, 다시 한 번 생각해봐라! 누구든 목적의식을 가지고 책을 읽으면 반드시 성과가 나온다. 아래는 내가 책을 읽고 성과를 낸 사례이다.

어느 날 책이 내 가슴으로 들어왔고, 나는 새로워졌다

몇 년 전에 서점에 들어갔는데, 여러 책 중에서 눈에 띄는 책이 있었다. 50대 중년으로 보이는데 몸짱인 한 사람의 사진이 찍힌 책이었다. 청바지를 입고 있었다. 복근이 선명하게 눈에 들어왔다. 부러웠다. 저 나이에도 몸짱이 될 수 있구나!

당시 나의 몸은 완전히 망가져 있었다. 키에 비해 몸무게가 10kg은 더 나가는 상태였다. 조금씩 나이 살이 들어가는 것을 느꼈다. 매년 1~2kg씩 늘더니 급기야는 70kg이 되었다. 몸무게가 느니 식사량이 많아졌다. 없던 식탐이 저절로 생겨났고, 저녁을 먹고 야식까지 먹게 되었다. 아침에 일어나면 상쾌한 느낌이 없었다. 배속에서는 뭔가 더부룩한 느낌이 있었고, 몸은 찌뿌둥하고 컨디션은 매일 40~50% 수준이었다. 샤워를 하고 정신없이 회사를 출근했다. 회사 내에서 오랜 시간 앉아서 일했다. 운동을 하지 않고 같은 자세로 오래 앉아 있으니, 온몸이 쑤셨다. 과장급 때부터 아프던 허리 통증이 없어지질 않았다. 뭔가 해결책이 필요했고, 서점에 있는 몸짱 책을 샀다. 그리고 두 가지를 결심했다. 첫 번째는 건강을 되찾기 위한 운동이었다. 나는 하루 2시간 운동을 마음먹었다. 두 번째가 몸무게를 줄이기 위한 다이어트였다. 8kg 감량을 목표로 정했다.

첫 번째 목표는 하루에 2시간 운동하는 것이다. 직장생활하면서 쉽지 않은 일이었다. 여러 가지 방법을 시도해봤다. 그 중에서 회사 직원들과 같은 공간에서 운동하는 것은 제외시켰다. 같이 운동하는 직원이 있었는데, 사석에서 은연중에 이런 말을 했다. 자기 상사와 같이 운동하는 것은 왠지 민낯을 보여 주는 것 같아서 싫다는 속내를 내비쳤다. 나는 충분히 이해가 되었다. 이 이야기를 들은 이후로 회사 내에서 헬스클럽을 사용하지 않았다. 아파트 내 헬스클럽을 이용하거나 집에서 홈트를 했다. 주로 저녁시간보다 아침시간을 선호했다. 그 당시만 해도 야근이 많았기 때문에 18시 정시에 퇴근하고 들어오기 쉽지 않았다. 퇴근 시간은 보통 20시 전후였고, 집에 오면 21시가 되었기 때문에 그 시간부터 헬스클럽에서 운동하기는 쉽지 않았다. 운동하기 위해 새벽 4시에 일어났다. 아파트 헬스장 열리는 시간은 6시였다. 나는 아침시간에 빨리 운동해야 하는 내 사정을 관리인과 이야기했다. 관리인이 내 사정을 듣고 도와주겠다고 했다. 내가 헬스장 문을 열었다. 관리인이 키 놓는 곳을 알려주었다. 매일 아침 헬스장 문 여는 사람이 되었다. 2시간 정도 운동을 하고 회사에 간다. 회사에 7시 이전에 도착하려고 노력했다. 아침에 일찍 회사 업무를 시작하는 것은 20년 이상 회사를 다니면서 생긴 나만의 습관이었다.

두 번째 목표인 체중 감소, 70에서 62로 약 8kg 감량 추진. 아침에 과일, 점심은 약간 많이, 저녁은 소식 패턴으로 식습관을 완전히 개선하였다. 내가 좋아하는 단 음식, 밀가루 등은 굿바이 하고, 특히 저녁에 과식, 빵 없는 세상을 만드는 것이 목표였다. 배에서 꼬르륵 소리가 났다. 참아야 했다. 그래도 참기 힘들면, 당근, 채소 등의 저칼로리 음식을 먹었다. 와이프가 말한다.

"그렇게 살아서 뭐하나. 어차피 먹고 살기 위해서 사는 인생인데."

죽을 때 죽더라도 맛있는 것 실컷 먹고 죽는 게 나은 것 아닌지 자꾸 유혹이 들어왔다. 그래도 한번 한 결심인데, 참을 인자 이마에 새기고 와이프에게 대담한 미소를 한방 날렸다.

"나 참아볼란다. 멋진 몸매 한번 만들어 청바지 입고 사진 한번 찍어볼 테니, 기대해주라고."

책 표지 모델까지는 아니더라도 내 인생에서 내 전신사진 하나는 남겨 놓고 싶었다. 나이 50살이지만 이 나이에 몸짱 만드는 것이 어때서! 그 이후로 아직까지 몸무게는 변함없이 유지하고 있다.

임원은 1년 계약직이기 때문에 더욱더 치열하다. 자기관리가 반드시 필요하다. 회사를 대표해서 여러 사람을 만나기 때문에 옷 입는 맵시나 외모관리도 중요하다. 항상 얼굴에 에너지가 넘치고, 혈색이 좋고, 깔끔하다는 이미지를 주어야 한다.

자기관리를 실패한 사람들과 이야기를 해보면 쉽게 안다. 항상 몸이 아프고, 식사를 주체하지 못하고 과체중이다. 얼굴에 미소가 없고, 혈색이 좋지 않다. 나도 한때는 과체중이었는데, 이때부터 식단 조절과 운동을 했더니 정상으로 돌아왔다. 지금은 몸이 아프지 않다. 매일 허리에 통증이 있어서 허리 보호대를 차고 있었는데, 어느 순간 허리보호대를 하지 않아도 아프지 않았다. 다이어트와 운동의 효과가 나타났다. 얼굴은 윤이 나고, 생각은 젊어졌으며, 하루가 상쾌하다. 정신이 몸을 지배하기도 하지만 몸이 마음을 지배하기도 한다. 몸이 건강해지면 덩달아 마음도 긍정적인 생각들로 넘쳐난다. 어느 날 우연히 서점에서 본 책이 내 가슴으로 들어왔고, 책을 통해서 나는 완전히 새로워졌다.

목적을 정해놓고 책읽기 하라

01 1일1독시, 목적을 정해놓고 책을 읽어라

02 불필요하고, 과도한 책읽기 목적을 버려라

03 어느 순간 책이 가슴으로 들어오고, 우리는 새로워진다

04 지속적인 운동과 식단관리 통해 자기관리를 하라

3장. 평생가는 책읽기 습관 만들기

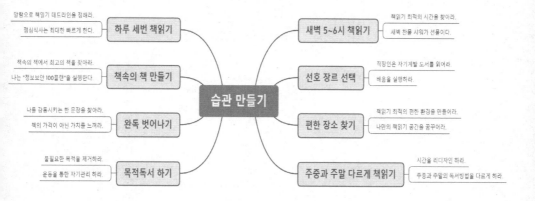

알람으로 책읽기 데드라인을 정해라.

점심식사는 최대한 빠르게 한다.

하루 세번 책읽기

책속의 책에서 최고의 책을 찾아라.

나는 "정보보안 100클랜"을 실행한다.

책속의 책 만들기

나를 감동시키는 한 문장을 찾아라.

책의 가격이 아닌 가치를 느껴라.

완독 벗어나기

불필요한 목적을 제거하라.

운동을 통한 자기관리 하라.

목적독서 하기

습관 만들기

책읽기 최적의 시간을 찾아라.

새벽 친물 샤워가 선물이다.

새벽 5~6시 책읽기

직장인은 자기계발 도서를 읽어라.

배움을 실행하라.

선호 장르 선택

책읽기 최적의 편한 환경을 만들어라.

나만의 책읽기 공간을 꿈꾸어라.

편한 장소 찾기

시간을 리디자인 하라.

주중과 주말의 독서방법을 다르게 하라.

주중과 주말 다르게 책읽기

상상낙서장

4 장.

세상에는 1억 5천만 권이 넘는 책들이 있다. 책들은 모두 저마다의 시크릿을 가지고 독자를 기다리고 있다. 이 시크릿들은 당신이 직접 체험하지 않아도 당신에게 세상의 이치를 깨닫게 해줄 수 있는 소중한 자산들이다. 세상에 볼 책은 너무도 많고 이러한 책을 보기 위해서는 당신은 '질의 독서'보다 우선적으로 '양의 독서'를 해야 한다. '양의 독서'의 핵심은 즉독즉해 능력과 원하는 핵심 부분만 빠르게 읽는 선택독서의 기술이다. 이번 장에서는 이 두 가지 기술을 배우고 익힐 것이다. 이 두 가지 기술을 제대로 익힌다면 60분에 책 한 권을 읽고 책이 주는 시크릿을 완벽하게 깨달을 수 있을 것이다.

인생을
바꾸는
핵심
책읽기 기술

1시간이면 한 권 읽는 데 충분하다

1일1독을 위한 책읽기 기술을 습득하라

'300일 1일1독 프로젝트' 170일이 경과하였다. 책을 읽으면 읽을수록 가장 고민되는 부분이 '어떻게 하면 책을 빨리 읽을 수 있을까?' 하는 것이었다. 책 한 권 읽는 데 한 달 이상 걸린다. 세상에는 1억 5천만 권 이상의 책이 있는데, 이 책을 언제 다 읽나 싶어 1만 배를 축소하더라도 1만 5천 권이다. 이 많은 책을 읽기 위해서 독서의 기술이 필요했다. 문체부에서 조사한 2019년 국민독서 실태조사에 따르면 성인은 1년에 7.5권 정도의 책을 읽는다고 한다.

나도 비슷했다. 일반적인 책읽기로는 한 달에 한 권 읽기도 쉽지 않다.

　나는 책을 빨리 읽는 방법을 배우기 위해서 속독 강의를 들었다. 요즈음은 속독이라는 말을 거의 쓰지 않는다. 내용을 알아봤더니, 책을 빨리만 읽으려고 하는 속독의 부작용 때문에 배우는 사람들이 많이 줄었다고 한다. 요즈음에는 단순 속독강의 대신에 뇌독, 스피드 독서, 입체 독서, 퀀텀 독서 등을 강의한다. 눈으로 보고 이해해서 뇌로 전달하는 것이 아니라, 눈이 보면서 뇌에서 바로 이해하는 즉독 즉해 능력을 키우는 방법을 가르친다. 배우고 나면 허탈한 경우가 많다. 배울 때는 모두 독서 스피드 천재가 될 것 같은데, 막상 배우고 나면 되지 않는다. 물론 개인차가 있기 때문에 어떤 사람은 1초 내에 1페이지 리딩을 경험했기 때문에 뇌독을 믿을 것이고, 어떤 사람을 경험을 하지 못해서 믿지 못할 것이다.

　현재 과학자들도 뇌를 과학으로 증명한 것이 10% 미만이라고 한다. 이런 알 수 없는 뇌의 영역에 속독의 논리를 붙여서 과학적으로 입증된 것처럼 말하는 것은 이해하기 쉽지 않다. 다만 책을 읽다 보니, 특출한 능력이 발현되어서 원 페이지가 아닌 양 페이지를 리딩하는 사람도 있다. 이런 사람들은 일반적이지 않고 예외적이라고 보면 된다. 나는 이런 예외적인 방법보다 누구나 꾸준히 하면 책읽기의 스피드를 높이는 방법을 말하고자 한다.

책읽기를 빨리 하는 방법을 배우는 것도 중요하지만 일정 방법을 터득하고 꾸준히 자기 것으로 만드는 것은 더 중요하다. 나는 속독을 배운 이후에 책 읽는 속도가 빨라지기는 했다. 그러나 폭발적으로 원 페이지 리딩을 하는 수준은 아니다. 나는 지속적으로 원 페이지 리딩을 의식적으로 생각한다. 언젠가는 달성할 것이라는 믿음을 가지고 조금씩 연습하고 있다.

가장 중요한 것은 책을 많이 읽으면 자연스럽게 책을 읽는 속도가 빨라진다는 것이다. 너무 조급하게 방법에만 치우지지 말자. 책읽기는 평생 나와 같이 갈 동반자이다. 빨리 읽으려는 조급함을 버리자. 스스로를 기다려주는 것도 방법이다.

1시간 동안 한 권의 책을 읽기 위해서는 두 가지 능력이 필요하다. 독서력과 집중력이다. 독서력은 책을 신속하게 읽고 이해하고 능력이다. 집중력은 정해놓은 시간 동안 최대한 효율적으로 읽는 능력이다. 독서력은 글을 빠르고, 신속하고, 정확하게 읽음으로써 단어의 의미, 단어와 단어 간의 의미, 문장과 문장 간의 의미를 추론하여 이해하는 지적사고 능력이다. 이러한 능력은 개인의 노력 여하에 따라 얼마든지 키울 수 있다.

독서의 속도를 10배 높이는 책 읽는 방법

1. 독서력을 키우는 방법

독서력 측정 테이블

등급	분당 글자 수	비고
초급	200~400	
중급	600~800	
상급	1,000~1,200	
최상급	1,600 이상	

첫 번째, 독서력을 측정해본다. 1분 동안 1페이지 중 읽은 글자 수를 계산한다 : (한줄 평균 글자 수 × 한줄 페이지 평균 줄 수 × 읽은 페이지 수)/1분

두 번째, 책 읽는 연습을 한다. 매일 10분 정도 책 읽는 연습을 한다. 글자 읽는 속도를 높이는 관점에서 책을 읽는다. 독서력을 매일 측정한다. 첫날 독서력을 기록하고, 한 달 후에 독서력을 비교한다. 책 읽는 방법은 현재 단어 위주로 책을 읽고 있다면 1줄 위주로 책을 읽을 수 있도록 연습하고, 1줄 위주에서 3줄로, 3줄 위주에서 5줄로, 5줄 위주에서 한 페이지로 등으로 확대한다. 30일 정도 연습하면 자신의 속도가 훨씬 빨라지는 것을 느낄 수 있다.

1일1독의 힘

세 번째, 시간을 정하고 책을 읽는다. 매일 연습하는 시간을 30분이 넘지 않도록 시간을 정한다. 연습은 꾸준히 하는 것이 중요하다. 책 읽는 것은 습관이 되어야 자기 것이 된다. 하루 10시간 연습해서 속도가 오르는 것은 다음날이면 제자리로 돌아온다.

네 번째, 눈으로 읽고 이해한다. 속도와 이해력은 상관관계가 있다. 눈으로 책을 읽는 속도를 높이면 이해력이 떨어지고, 이해력을 높이면 속도가 떨어진다. 자기 수준에 맞는 적정한 속도를 찾아서 이해한다.

다섯 번째, 소리 내어 읽지 않는다. 낭독은 이해력은 높지만, 속도를 내기에는 한계가 있다. 암기를 해야 할 필요가 있을 경우는 낭독이 효과적이지만, 제한된 시간 안에서 효율적으로 책읽기를 하기 위해서는 묵독이 효과적이다. 속발음이 없어지면 책 읽는 속도가 빨라진다.

여섯 번째, 3분 심호흡을 통해 의식을 바꾼다. 심호흡을 하면서, 현재 내가 하고 있는 수준보다 훨씬 빠른 속도로 읽고 있다고 생각한다. 머릿속에서 매일 상상하는 것만으로도 실제 읽는 속도가 빨라진다.

첫 번째, 운동하라. 책을 읽으면 의자에 앉는 시간이 길어진다. 스트레칭을 해서 굳은 몸을 풀어주고, 다리 근육 위주로 운동을 하여 허리근육을 받쳐 줄 수 있도록 한다.

두 번째, 숙면하라. 사람마다 상황마다 다르겠지만 평균적으로 성인이 자는 시간은 6~8시간이다. 사람마다 신체리듬이 다르다. 개인에게 맞는 적당한 시간을 자면 좋다. 나는 6시간 잠을 잔다. 그리고 점심시간에 약 20분 정도 낮잠을 잔다. 그래도 피곤하면 가수면을 5분, 10분 정도 한다. 퇴근하고 집을 돌아오면 식사 후에 가수면을 30분 하고 자기계발을 시작한다.

세 번째, 책읽기 전에 심호흡 해라. 책읽기 전에 심호흡을 통해서 마음을 차분하게 한다.

네 번째, 알람을 맞추고, 데드라인을 정해라. 시간을 정해놓고 책을 읽는다. 한 번에 많은 시간을 읽겠다고 오버하지 않는다. 시간을 정해놓지 않고 불규칙하게 책을 읽으면 집중력 있게 오래 읽을 수 없다. 금방 지친다. 핸드폰을 알람기능을 이용해서 읽을 시간을 정확하게 세팅한다. 알람이 울리면 책에서 눈을 뗀다. 나는 45분 책을 읽고 15분 쉬는 것을 원칙으로 한다. 45분이

지나가면 집중력이 떨어지고 몸이 뒤틀리는 경험이 있기 때문이다.

다섯 번째, 쉬는 시간을 확실히 지켜라. 쉬는 15분 동안은 아무 생각 없이 멍 때리거나, 창밖을 본다. 초록의 산이나 숲이 있으면 더 좋다. 잠시 동안 맑은 공기를 마시면 뇌가 다시 집중할 수 있는 계기가 된다.

여섯 번째, 잡음을 차단하기 위해 귀마개를 사용해라. 방에서 책을 읽거나 하면, 거실에서 잡음이 들리는 경우가 있다. 귀에 거슬리기 때문에 처음부터 책읽기 시작하면 귀마개를 한다. 업무 시작 전이나 점심시간에 직장에서 책을 읽을 경우 주위가 시끄러운 경우가 많다. 이럴 때는 귀마개를 하고 책을 읽으면 짧은 시간이지만 집중력 있게 책을 읽을 수 있다. 나는 귀마개를 여러 쌍을 가지고 다닌다. 집, 회사, 가방에 귀마개를 가지고 다닌다. 가방에 가지고 다니는 귀마개는 이동시에 사용한다.

일곱 번째, 눈에 피로를 없애기 위해서 눈 주변을 가볍게 마사지 한다. 책을 읽기 전에 눈과 주변에 마사지를 하면 눈의 피로가 훨씬 줄어든다. 눈 마사지 하는 방법은 아래와 같다. ① 양손을 비벼서 따뜻하게 만든다. 양손을 눈에 댄다.(30초) ② 눈 주위를 양 손가락으로 눌러준다.(30초) ③ 눈동자를 좌우로, 위아래로 회전시킨다.(5회)

여덟 번째, 피로를 없애는 음식을 먹는다. 책을 읽는 데 피로를 없애는 것은 중요하다. 피로를 없애기 위한 음식을 적당히 골라 먹는다. 양파즙 먹기, 비타민 B와 C 먹기 등.

아홉 번째, 피곤하면 가수면을 취해라. 가수면은 의식이 깨어 있는 상태에서 잠을 자는 것이다. 나는 상황에 따라 가수면 시간을 조절한다. 10분, 20분, 30분으로 구분해서 가수면을 취한다. 의식이 깨어 있기는 하지만 편한 상태로 5분 정도 가수면을 취하면 어느 정도 피로가 풀린다. 가장 편한 자세는 곧게 누워서 양팔과 양다리를 적당히 벌리고 자는 것이 좋다. 공간적이 제약이 있는 경우, 의자에서 편한 상태를 만들고 가수면을 취하면 좋다.

세상에는 두 가지 종류의 독서 기술이 있다. 첫 번째는 완독, 정독, 낭독, 속독, 통독 묵독, 뇌독 등 눈으로 책을 빠르게 읽는 방법이다. 두 번째는 선택독서, 발췌독서, 핵심독서, 키워드독서 등 원하는 파트만 읽는 방법이다.

나는 1만 권 독서를 하기 위해서 어떻게 하면 가장 빠르게 독서할 수 있는지에 대한 기술들이 궁금했다. 세상에 존재하는 빠르게 읽는 독서기술을 배우고 찾았다. 그리고 결론을 냈다. 나는 두 종류의 책 읽는 기술을 바탕으로 나만의 독서법을 만들어야겠다고 생각했다. 나처럼 독서를 포기하는 사람들을 위해 내가 걸어온 과정을 알려주고 새로운 세상을 접하게 하고 싶었다.

내가 만들려는 독서법은 '눈으로 읽는 즉독즉해 기술'과 '원하는 파트만 읽는 선택독서'를 혼합한 기술이다. 나는 이를 '광독서법'이라 부른다. 광독서법는 정신적인 부분과 기술적인 부분이 있다. 기술적으로는 1일1독을 기본으로 한다. 1일1독이 자연스럽게 되면, 그 다음부터 얼마든지 응용이 가능하다. 60분에 한 권을 읽는 것도 문제없다. 정신적으로는 절박함을 가지고 책을 읽어야 하고, 책 읽기를 통해서 자신을 빛내겠다는 마음가짐을 가져야 한다. 기술적인 부분과 정신적인 부분이 결합될 때 최고의 책읽기 시너지가 생길 수 있다고 확신한다.

광독서법은 양의 독서에 가깝다. 처음에는 양의 독서부터 시작하고, 광독서법을 마스터하면 질의 독서로 넘어갈 생각이다. 지금 나의 독서법은 진행단계이고 계속 발전해나갈 것이다. 아마 내가 죽는 그날까지 나의 독서법은 계속 진화될 것이다. 나의 독서법이 진화되면 될수록 현재보다 나의 관심분야가 10배씩 확장된다는 의미이다. 매일 매일이 새로운 인생을 맞이할 것이다.

1시간이면
책 한 권 읽는 데 충분하다

01 '300일 1일1독 프로젝트'를 위한 책읽기 기술을 습득하라

02 독서력을 키우는 방법을 습득하라

독서력 측정 → 시간세팅 → 즉독즉해 → 묵독 → 3분 호흡 의식변화

03 집중력을 기르는 방법을 습득하라

운동 → 숙면 → 심호흡 → 시간세팅 → 잡음차단 → 눈 마사지 → 피로제거

04 세상의 모든 독서법을 하나로 광독서법을 만들다

키워드로 스캐닝하고, 필요한 부분에 집중하라

키워드로 책의 정보를 수집하라

책은 단어의 연결이다. 작가가 생각하는 핵심 키워드들이 있다. 작가는 단어들의 조합을 통해서 문장을 만들고 책을 만들어간다. 우리에게 필요한 것은 책의 모든 내용을 파악하는 것이 아니다. 책의 핵심적인 내용을 이해하게 되면 그 이후부터는 작가와 묻고 답하는 교감이 가능하다. 그래서 사용하는 방법이 스캐닝 방법이다.

정보보안에서 스캐닝이라고 하면 외부에서 해커가 침입하기 전에 목표 시스템에 대한 정보를 수집하는 활동을 말한다. 마찬가지로 책읽기에서도 책에 읽어야 할 목표를 정해놓고 정보를 수집하는 활동을 말한다. 이러한 스캐닝 활동을 통해서 핵심 키워드 및 내용을 파악한다. 이러한 간단한 활동은 책을 읽기 이전에 책의 내용의 70~80% 이해하는 데 도움을 준다.

책의 내용을 이해하고 책읽기를 시작하는 것과 책의 내용을 이해하지 못한 상황에서 책읽기를 시작하는 것은 결과에 상당한 차이가 있다. 책의 내용을 이해하고 책읽기를 시작하면 아래와 같은 이점이 있다.

1. 책의 전체 맥락을 파악하고 읽기 때문에 편하게 읽을 수 있다.
2. 좀 더 빠른 속도로 읽을 수 있다.
3. 내가 원하는 핵심 답을 찾으면서 읽을 수 있다.
4. 필요한 부분을 선택해서 읽는 것이 쉽다.
5. 전체 책의 구성을 이해하기 쉽다.

그러면 책을 읽을 때 스캐닝 방법을 사용해서 어떻게 책의 전체 부분들을 빠르게 파악하는지 알아보자.

첫째, 책을 처음 보면 책의 앞뒤 커버를 유심히 본다. 작가가 하고 싶은 말은 책의 앞뒤 커버에 다 나와 있다. 책의 커버 앞쪽에는 주로 강렬한 인상을 줄 수 있는 단어들로 채워져 있다. 작가가 중요하다고 생각하는 단어는 색깔부터 다르다. 빨간색으로 독자의 시선을 끌어당기거나, 검정색 바탕에 하얀색으로 단어를 쓴다. 글자 폰트도 핵심단어는 다른 폰트의 2~3배이다. 그만큼 이 책에서 그 단어가 중요하다는 이야기다.

작가는 두꺼운 책을 한 문장으로 요약한다. 작가가 책의 전체에 대해서 말하고 싶은 내용은 이미 책의 커버 한 문장이나 단어에 다 나와 있다. 작가가 말하고 싶은 그 단어가 바로 커버페이지의 제목이고 핵심이다. 누구나 봐도 "아! 이런 책이구나!"하고 이해할 수 있다. 그 핵심단어와 문장 주변에 이를 뒷받침하는 몇 가지 문장들이 있다. 이 문장들이 이 책을 만들어가는 스토리라인과 콘셉트다. 다른 데서 찾을 필요가 없다. 바로 책의 커버페이지를 보면 책의 핵심 문장, 스토리라인, 콘셉트 등을 인식할 수 있다.

둘째, 커버 앞 페이지는 독자의 시선을 확 끌어당길 수 있는 정제된 단어들로 구성된다. 이것만 가지고 책을 설명하는 것이 부족하다고 느끼기 때문에 커버 뒤 페이지를 활용한다. 커버 뒤 페이지에서 좀 더 세부적으로 책의 내용을 요약해준다. 뒤 페이지에는 책의 요점들을 자세히 정리해준다. '원리가 무엇인가?', '원칙이 무엇인가?', '책은 어떤 것을 주장하고자 하는가?' 등의 내용이 정리되어 있다. 독자가 보기 쉽게 번호까지 붙여서 중요도를 알려준다.

셋째, 책의 안쪽을 스캐닝 하게 되면 첫 대면의 인상이 바뀌는 경우도 있고, 오히려 내가 가지고 있는 책에 대한 인상이 더 확실해지는 경우도 있다. 앞 커버 안쪽 페이지에 보면 주로 작가의 약력이 나온다. 그 작가가 어떠한 활동을 했는지 간단히 쓰여 있다. 그러면 이 작가는 어떤 사람이고, 무엇을 위해서 이 책을 썼는지 등의 대략적인 내용이 짐작이 간다. 작가가 동기부여가거나 코치인 사람이 시나, 역사소설을 쓰지는 않을 것이다. 독자들은 책을 읽기 전에 작가의 직업으로 책 전체의 흐름을 파악할 수 있다.

넷째, 다음 페이지로 넘어가면 프롤로그와 뒤 페이지의 경우 에필로그가 나온다. 프롤로그(Prologue)는 소설이나 장편시, 연극에서의 시작을, 에필로그(Epilogue)는 끝을 의미한다. 프롤로그는 그리스신화에서 '먼저 생각하는 사람'을 뜻하는 프로메테우스에서 유래했으며, 글이나 공연의 앞부분에서는 '머리말, 서막, 전주곡'이라는 뜻이다. 에필로그는 '나중에 생각하는 사람'인 에피메테우스에서 유래했으며, 소설이 일단 끝난 이후의 이야기로 덧붙여지는 경우가 많다. 에필로그는 전체 내용을 정리하고 끝맺기 위해 마련된 것으로 '후일담, 후기, 끝맺음'을 뜻한다. 여기서 프롤로그는 책의 의도를 파악하는 데 매우 중요한 역할을 한다. 우리가 스캐닝을 잘하려면 프롤로그를 유심히 훑어 봐야 한다. 프롤로그는 '작가의 기획의도가 무엇이고, 타깃 독자층은 누구이며, 핵심 콘셉트는 무엇인가?' 그리고 '이 책이 가지고 있는 경쟁력이나 가치는 무엇인가?' 등 독자들이 책을 읽는 데 사전 지식을 얻을 수 있도록 독자 입장에서 이해하기 쉽게 쓴다. 대부분의 책의 내용을 요약하고 집약시켜 놓는다.

다섯째, 그 다음으로 스캐닝은 전체 책의 특징을 살피기 위해 책을 빠른 속도로 훑어본다. 책마다 문장 배열과 형태 등 구조적인 특징과 색감을 가지고 있다. 책의 색감은 노란색, 녹색, 분홍색 등 작가의 생각을 반영한다. 어떤 책들은 장 앞부분에 요약을 해서 독자가 편하게 읽게 해주는 책이 있고, 어떤 책은 장이 끝날 때 마다 결론을 요약해서 알려준다. 어떤 책들은 도형과 표 위주로 설명을 하고, 어떤 책들은 이야기 형태로 설명을 한다.

우리는 사람을 볼 때 외모를 보고 직관적으로 판단한다. 30초면 한 사람에 대한 판단이 끝난다. 책도 사람처럼 외모가 있다. 책을 보면 커버의 구성이라든지, 색감이라든지, 글자 크기, 용지의 질, 책의 두께에 따라 직관적으로 판단할 수 있다. "이 책은 논리적이고 분석일 거야!", "이 책은 색감을 보면 여성적이라서 부드럽고 포근함을 줄 것 같네!", "이 책은 메시지가 정확할 거야!" 등 기본적인 판단을 내릴 수 있다.

질문으로 책의 주인이 되라

나는 책의 커버 앞뒤 페이지, 작가 약력, 프롤로그, 에필로그 등을 보고 핵심키워드를 5개를 뽑아낸다. 이 뽑아낸 다섯 개의 키워드를 가지고 머릿속에서 다양한 질문과 답변을 만든다. 내가 얻고 싶은 것을 나의 관점에서 다시 구성한다. 나는 책의 주인이 된다.

1. 작가는 왜 이 책을 썼을까?

2. 작가가 독자에게 주는 메시지는 무엇일까?

3. 작가는 어떤 감정을 가지고 책을 썼을까?

4. 이 책의 요점은 무엇인가?

5. 이 책에서 배울 수 있는 기술, 원리, 원칙은 무엇인가?

6. 이 책의 최고의 한 문장은 무엇인가?

7. 내가 이 책을 통해서 배우고자 하는 것은 무엇인가?

8. 내가 이 책에서 얻은 아이디어는 무엇인가?

9. 내가 이 책을 다른 사람에게 추천해주고 싶은가?

10. 내가 이 책을 통해서 실천하고자 하는 것은 무엇인가?

당신은 이러한 질문을 통해서 작가와 소통할 수 있다. 책의 내용을 더 깊숙이 이해할 수 있다. 작가가 무슨 생각을 하고 있는지 파악하고 분석할 수 있다. 책의 모든 부분을 머릿속에 넣을 필요는 없다. 핵심적인 문장과 단어만 당신의 기억 속에 저장해라. 핵심적인 내용을 당신의 경험과 융합시켜 새로운 인사이트를 얻어라.

당신은 질문을 통해 책의 내용을 새롭게 구성하고 편집해라. 당신이 책의 주인이다!

300일 1일1독 프로젝트 key point 25

키워드로 스캐닝하고 필요한 부분에 집중하라 : 약 20분 소요

01 책의 커버 앞 페이지를 스캐닝하라 : 제목, 소제목, 핵심내용

02 책의 커버 뒤 페이지를 스캐닝하라 : 핵심 내용 정리

03 책의 커버 안쪽 페이지를 스캐닝하라 : 작가 약력, 활동내역, 직업

04 프롤로그를 스캐닝하라 : 작가기획 의도, 타깃 독자층, 핵심 콘셉트

05 에필로그를 스캐닝하라 : 추가 이야기, 후일담

06 책 전체를 스캐닝하라 : 책 고유의 특징 파악하기

07 당신의 질문으로 책의 주인이 되라

목차를 보고,
가슴 뛰는 소제목을
선택하라

목차가 책의 중심이다

"책의 목차는 설계도이다."

책을 좋아하는 사람은 누구나 한번쯤 들어본 말일 것이다. 설계도는 건물이나 집을 만들 때, 설계한 구조, 형상, 치수 등 일정한 규약에 따라 그린 도면이다. 설계도를 얼마나 잘 그렸느냐에 따라 건물의 가치가 달라진다. 우리는 설계도를 그린다고 표현한다. 책에서 목차를 설계도라고 표현하는 이유는 목차가 가지는 입체성 때문이다. 목차가 단순히 장제목과 꼭지 제목을 나열한 리스트가 아니라 목차의 제목 하나하나는 의미, 통찰, 방향성, 지향점이 있다. 이 선들을 연결해야 책 전체의 면을 파악할 수 있다. 설계도를 제대로 파악해야 책을 효율적이고 재미있게 볼 수 있다.

나는 인터넷 서점을 애용한다. 비용대비 효율적일 뿐만 아니라 직접 매장에 가서 책을 고를만한 시간적 여유가 없기 때문이다. 하루에도 몇 백 권의 책이 쏟아져 나오고 있다. 이런 책들을 모두 보고 싶은 욕망이 있지만 어떤 분야의 어떤 책이 좋은지 알 수 없다. 일단 내가 책을 선정하는 기준은 자기계발이 최우선이다. 이 기반 하에 목적과 전략을 가지고 책을 선택하고 있다. 전체 비중은 자기계발 60%, 업무 전문서적 30%, 기타 10% 순이다. 책의 장르를 선택하고 인터넷 서점을 서핑한다. 예스24, 교보, 알라딘, 밀레 등 4대 인터넷 서점을 위주로 한다. 시간이 없어 신속히 선택하려고 하면 예스24를 사용한다.

내가 주위로부터 이야기를 듣고 책을 선택하는 경우는 바로 책을 검색하고, 구매하면 된다. 책을 읽고 싶은데, 어떤 책을 읽어야 할지 모르는 경우는 예스24의 통합검색을 이용하는 것이 쉽다. 통합검색을 활용해서 개인이 생각하고 있는 책의 주제를 검색한다. 그런데 예를 들어 독서를 잘하는 법에 관심이 있어 관련된 책을 찾고 싶으면 '독서를 잘하는 법'으로 검색하면 안 된다. 인터뷰, 리뷰 등 책과 상관없는 검색결과가 나오기 때문이다. 책을 검색하기를 원하는 것이 때문에 주제를 명사 형태로 입력하는 것이 좋다. 이 경우 '독서'라고 입력하면 독서와 관련된 책들이 만 권 이상 나올 수 있기 때문에 내용을 모두 리뷰하는 것은 불가능하다.

아래는 독서와 관련해서 내가 원하는 책을 찾을 수 있는 방법이다.

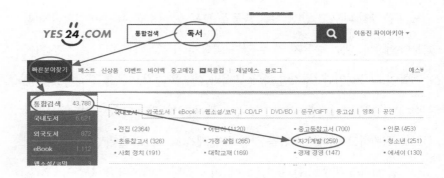

1. 통합검색에서 최대한 주제를 명사 형태로 입력한다.

2. '빠른 분야 찾기'를 한다.

3. '국내도서'에서 개인이 원하는 분야의 장르를 선택한다.

   '독서'의 경우 '자기계발' 관련 장르를 선택하면 259권 책이 나온다. 자기계발 장르의 책 259권을 모두 스캔하는 것은 시간적으로 효율적이지 못하다. 약 10권 정도로 목표 범위를 좁힌다.

4. 기본으로 설정되어 있는 인기도 순으로 책을 리스트 한다.

5. 제목과 별점을 보고 선택한다.

6. 10권 정도를 카트 또는 리스트에 저장하고, 한 권씩 책을 분석한다.

책 언박싱, 설렘 그 자체이다

나는 책 구매 선택을 위한 판단을 할 때, 두 가지를 중요하게 생각한다. 책 제목과 회원리뷰/별점이다.

첫 번째, 책 제목은 작가와 출판사 입장에서 책을 만들 때 가장 중요하게 생각하는 항목이다. '책의 제목이 무엇인가?'에 따라 책의 판매 부수가 달라진다. '베스트셀러가 되는가, 되지 않는가?'의 문제이기 때문에 가장 신경 써서 창작하는 것이 책의 제목이다. 독자가 입장에서 책을 판단할 때도 책의 내용을 모두 확인할 수 없다. 그럴만한 시간적인 여유도 없기 때문에 책의 겉모습인 제목만 가지고 판단하는 경우가 많다. 아이러니하게 몇몇 책들은 내용은 전혀 바뀌지 않고, 제목만 바꾸었을 뿐인데 쪽박에서 대박을 친 책들이 계속 나오고 있다. '잘됐다.' 또는 '잘못됐다.'를 떠나서 책 제목이 가지는 힘은 대단하다. 시대의 흐름에 맞고, 섹시하고, 독자의 궁금증을 확 유발시킬 수 있는 제목이야말로 최고의 책이 될 수 있다.

두 번째, 회원들이 리뷰한 건수가 많고 별점이 높은 책을 선택한다. 사람들은 대부분 똑같은 생각을 한다. 점수가 높은 쪽에 시선이 갈 수밖에 없고, 점수가 높으면 왜 높은지를 확인하려고 한다. 그러면 책의 내용을 확인하게 된다. 내용을 확인한다는 의미는 사람들이 책을 구매할 가능성이 높아진다는 것이다. 점수뿐만 아니라, 회원들이 많이 리뷰하고 점수가 높은 쪽을 선호한다. 회원들이 많이 리뷰했다는 말은 그만큼 관심이 있다는 뜻이고, 콘텐츠가 볼거리가 있다는 이야기이다. 이렇게 두 가지 방식으로 책 10권을 신속하게 선정하고 10권에 대해서는 좀 더 상세하게 비교 분석한다.

10권 중에 책 1~2권을 선택하기 위한 세부적인 방법은 아래와 같다. 인터넷 서점에서 책 한 권을 선택하면 책에 대한 자세한 요약정보들이 나온다. 요약정보 중에 내가 중요하다고 생각하는 내용만 스캔한다. 예스24를 기준으로 보면, 첫째, '도서 정보'를 본다. 품목정보, 관련분류, 이 상품의 이벤트, 카드뉴스로 보는 책, 책소개, 목차, 상세이미지, 저자소개, 책 속으로, 출판사 리뷰 등 총 10개 항목으로 되어 있다. 둘째, '리뷰/한줄평'을 본다. 회원 리뷰와 한줄평 등 2개 항목으로 되어 있다. 위 12개 항목을 파악하면 책 내용의 70~80% 이상은 이해할 수 있다.

우리는 영화를 보기 전에 영화에 대한 프리뷰를 본다. 이런 프리뷰 프로그램들은 영화의 재미를 높이기 위해 하이라이트 동영상을 관객에게 제공한다. 관객들이 이 동영상을 보고 영화를 다 봤으니 그만 봐야지 하는 사람은 없다. 책도 마찬가지이다. 최대한 책에 대한 내용을 입체적으로 소개해서 독자들에게 책에 대한 강렬한 인상을 주려고 한다. 독자입장에서 보면 책을 사지 않고, 책의 다양한 측면을 느낄 수 있는 공간이다.

나는 12개의 항목을 모두 보지 않는다. 다 읽기에는 시간이 많이 걸린다. 책소개, 목차, 전체리뷰, 한줄평 등 4개 핵심항목만 보고 책을 구매한다. 책소개와 목차는 짧지만 인상적으로 책의 내용을 쉽게 파악할 수 있다. 어떤 내용을 독자에게 말하고 싶은지 파악할 수 있다.

회원리뷰와 한줄평은 회원들이 평가한 별점점수와 건수를 참고한다. 좋은 내용 위주보다는 악플 형태의 내용에 좀 더 귀 기울인다. 독자가 악플을 달았다는 이야기는 뭔가 이유가 있기 때문이다. 물론 악플을 다 믿을 수 없지만 참고하는 정도로는 필요하다. 이렇게 책을 보다 보면 '이 책이다.' 하는 책이 생긴다. 바로 나와 운명적인 조우를 하는 책이다.

특히 목차를 보면 이 책의 내용이 내가 원하는 책인지 아닌지 대충 안다. 나와 운명의 끈이 닿아 있는 책이 있다. 제목, 목차, 장제목, 소제목을 보면 강렬하게 뇌리에 꽂힌다.

'이 책이다. 구매해야지!'

'바로구매' 버튼을 클릭한다. 책 10개 정도를 서핑하는 데 시간은 30분 내외로 한다. 이런 식으로 구매하면 80% 이상 만족한다. 예외적으로 내가 생각했던 내용과 내용이 전혀 다른 책이 가끔 있다. 비록 내가 원하는 책은 아니지만 이런 책도 읽어보면 반드시 인사이트를 얻을 수 있다. 책은 모두 소중한 지식을 선물해준다.

"딩동! 택배 왔습니다."

내가 구매한 책이 왔다. 와이프가 묻는다.

"무슨 택배야?"

나는 겸연쩍게 웃으면서 "며칠 전에 주문한 책이야!" 하고 대답한다. 와이프가 나를 보면서 묻는다.

"그렇게 좋아?"

나는 와이프에게 약간 미안한 마음이 있다. 요즈음 책 택배가 너무 많이 온다. 내가 좋아하는 일이지만 와이프가 신경쓰인다. 나는 와이프에게 미소로 답하고, 얼른 포장을 뜯는다. 택배 박스를 오픈하고 책을 처음 본 느낌은 설렘 그 자체다. 내가 고르고 기다렸던 책이기에 행복감이 밀려온다.

'자! 읽어볼까?'

300일 1일1독 프로젝트 key point 26

목차를 보고
가슴 뛰는 소제목을 선택하라

01 책의 목차는 설계도이자, 책의 중심이다

02 원하는 책을 쉽게 파악하기 위해

　　온라인 서점에서 '통합검색'으로 책 주제를 입력하라

03 책의 인기도, 제목, 별점으로 선택하라

04 책소개, 목차, 전체리뷰, 한줄평을 보고 뇌리에 꽂히는 책을 선택하라

05 책 언박싱, 설렘 그 자체다

형광펜과
색볼펜을 사용해서
중요도에 따라
밑줄쳐라

책읽기에 도구를 활용해라. 기억력이 쑥 높아진다

나는 책을 읽을 때 형광펜, 3색 볼펜, 검정색 펜, 포스트 잇 등 4가지 도구를 사용한다. 이러한 도구들은 내가 책을 읽으면서, 기억력을 높이는 데 중요한 역할을 한다. 아래 연구처럼 책읽기와 글쓰기는 기억력과 인지능력을 높이는 데 도움을 준다.

네덜란드, 독일, 인도의 뇌과학자로 구성된 연구팀은 "인도 마을 2곳에서

23~39세의 건강한 남녀 29명을 선발했다. 글을 알지 못하는 그들에게 6개월 동안 읽기와 쓰기를 가르쳤다. 연구 기간 동안 연구팀은 주기적으로 뇌 촬영을 해서 참가자들의 뇌 기능 변화를 관찰했다. 그 결과 문맹이었던 사람들이 글을 읽고 쓸 수 있게 되면서 뇌의 단어영역 부위뿐만 아니라 시각 관련 부위가 활성화되었다.”는 것을 알아냈다. 아델만 취리히대 교수는 “읽기가 시각 뇌의 반응을 더 민감하게 만들어 시각체계 전반에 좋은 영향을 미친다. 이로 인해 기억력과 인지 능력이 높아진다.”고 말했다. (참고자료 : “책보면 시각 기억력 UP, 독서의 계절 책한 권 어때요“, 〈서울신문〉, 2019.9.19.일)

나는 최근에 안 가던 문구점을 가는 경우가 많아졌다. 형광펜, 볼펜, 포스트잇은 모두 똑같은 줄 알았다. 문구점을 가보니 놀랄 만큼 펜의 종류도 많았고, 이러한 도구들은 모두 특색을 가지고 있었다. 내가 좋아하는 것들이 생기니 이런 도구들도 특별하게 보이기 시작했다. 나에게 맞는 도구를 찾기 위해서 고르고 또 고른다. 특히 펜 종류는 특징이 있다. 볼펜심의 굵기에 따라 글자 쓰는 기분이 확 달라진다. 예전에는 볼펜을 고를 때는 펜의 종류와 굵기에 전혀 신경을 쓰지 않았다. 지금은 책읽기와 글을 쓰다 보니, 펜의 종류와 굵기에 신경이 쓰인다. 특히 펜의 굵기는 0.3mm, 0.5mm, 0.7mm, 1.0mm 등 다양하다. 사람마다 펜을 잡았을 때의 그립감과 쓸 때의 필기감이 모두 다르다.

한번은 가족들과 식사 중에 아들에게 물었다.

"너 어떤 볼펜 쓰니?"

"0.3mm, ○○○ 브랜드 써요!"

아들은 간단하고 짧게 답했다. 나는 좀 놀랐다. 자기가 좋아하는 볼펜과 브랜드에 대해서 상세하게 아는 것이 신기했다.

"볼펜 추천 좀 해줄래?"

아들이 0.5mm, ○○○ 브랜드 볼펜을 추천해주었다. 나는 문구점에 가서 그 볼펜을 골랐다. 문구점에 너무 많은 볼펜이 있어서 추천받지 않고 갔으면 제대로 고르지도 못할 뻔했다. 아들이 추천한 볼펜 브랜드는 괜찮았는데, 볼펜 굵기가 내가 생각하는 촉감과 맞지 않았다. 아들은 0.5mm을 추천했는데, 내가 써보니 0.5mm은 너무 날카롭고, 지면에서 미끄러지듯이 나가지 않고 뭔가 딱딱하게 나가는 느낌이 들었다. 나는 0.7mm 굵기를 사용해봤다. 그립감도 괜찮았고, 지면에서 부드럽게 나가는 느낌이 좋았다. 그 뒤로 그 볼펜만 사용한다. 그립감과 필기감이 좋다. 지금도 책을 읽고 책에 필기를 하게 되면 부드럽게 미끄러져 나가는 볼펜의 필기감을 생각하면서 '잘 골랐네!' 하는 생각이 든다. 기분이 좋아진다.

중요도에 따라 밑줄 색깔을 다르게 하라

형광펜, 3색 볼펜, 검정색펜, 포스트 잇 등 4개의 도구는 모두 다른 용도를 가지고 있다.

첫 번째는 형광펜의 용도이다. 나는 형광펜 중에서는 노란색 형광펜을 좋아한다. 다른 형광펜보다 눈에 더 잘 띄고 화려하다. 밑줄을 그었을 때, 느낌이 팍 온다. 책을 볼 때 처음 맞닥뜨리는 것이 책의 커버 페이지이다. 노란색 형광펜은 책 커버 앞뒤 페이지에 사용한다. 내가 중요하다고 생각하는 문구, 정답이라고 느끼는 문장 등에 가차 없이 노란색을 펜으로 밑줄을 긋는다.

'300일 1일1독 프로젝트'는 초기에는 볼펜으로 그었는데, 책커버는 대부분 진한 색깔을 가지고 있다. 색볼펜으로 밑줄을 그어도 잘 표시도 나지 않는다. 느낌도 왠지 지저분하다는 생각이 든다. '300일 1일1독 프로젝트' 180일이 경과하면서부터는 깔끔하면서도 눈에 띄는 노란색 형광펜으로 밑줄을 그어 기억을 높이고 있다.

다음으로 맞닥뜨리는 곳이 저자 약력, 프롤로그, 에필로그, 목차이다. 나는 이곳에는 노란색 형광펜과 삼색 볼펜을 번갈아가며 사용한다. 커버 안쪽에 있는 저자약력은 종이가 약간 두껍기 때문에 색볼펜보다는 노란색 형광펜이 훨씬 강한 밑줄 효과가 있다. 프롤로그와 에필로그는 본문 내용을 축약하고 가이드 해놓은 페이지라서 3색 볼펜을 사용한다.

마지막 하이라이트는 목차다. 나는 노란색 형광펜을 사용한다. 나는 선택독서를 하면서 1시간 안에 책을 읽는다. 선택독서의 특징은 목차를 어떻게 선정하느냐가 관건이다. 내가 목차를 스캔했을 때, '와! 이런 제목이 있네!', '이런 제목을 읽어야겠네!', '내가 찾고 있는 답이네!' 등 느낌이 오는 제목들이 있다. 이런 제목들은 강렬하면서 깔끔한 색칠이 필요하다. 노란색 형광펜을 사용하기 이전에는 붉은색 볼펜을 사용하기도 했다.

그런데 붉은색이라 중요도는 충분히 알겠는데, 문장 전체가 눈에 들어오지 않았다. 펜촉이 얇다 보니, 한 번에 눈에 띄지 않는 단점이 있었다. 60분에 책을 한 권 읽으려면 한 챕터를 읽고, 다시 목차 페이지로 돌아와야 한다. 목차 페이지에서 다음 몇 페이지를 읽을지 표시가 되어 있기 때문이다. 목차 페이지가 눈에 잘 띄지 않으면 속도가 나지 않는다. 노란색 형광펜으로 시원하게 제목 전체와 페이지 넘버까지 표기 되어 있으면, 다음 페이지를 찾는 데 시간이 단축된다. 이런 이유로 노란색 형광펜을 사용한다.

두 번째는 삼색 볼펜의 용도이다. 삼색 볼펜은 노란색 형광펜보다 가시성이 떨어지는 단점은 있으나, 중요도에 따라 내 마음대로 색을 바꿀 수 있다. 가장 큰 장점은 형광펜 대비 오래 사용할 수 있고, 비용이 적게 든다는 장점이 있다. 형광펜은 몇 번 줄긋고 나면 약이 떨어져 다시 구해야 한다. 책을 많이 읽으면, 자주 구매해야 하니 불편하고 부담이 된다. 이런 점 때문에 본문을 읽을 때 삼색 볼펜을 사용해서 나만의 흔적을 남긴다.

빨간색은 인용 문장에 밑줄을 긋는다. 명언이나, 좋은 문장에 줄을 그을 때 사용한다. 파란색은 인사이트가 생겨난 문장에 밑줄을 긋는다. 문장을 읽고 인사이트가 발생한 문장이 있으면 파란색으로 줄을 긋는다. 초록색은 필사가 필요한 문장에 밑줄을 긋는다. 책을 읽은 후에 이 문장은 다시 한 번 써봐야겠다고 생각하는 문장에 초록색으로 줄을 긋는다.

세 번째는 검정펜의 용도이다. 기본적인 밑줄을 긋는 데 사용한다. 기본적인 밑줄은 검정색으로 긋는다. 삼색 볼펜은 중요도 높거나, 목적이 명확해서 다시 찾고 싶은 문장에 주로 긋는다. 책을 처음으로 읽을 때는 주로 검정색펜을 사용한다. 두 번째 읽을 때는 같은 곳에는 삼색 볼펜을 사용해서 중요도를 좀 더 높인다. 나는 책을 통합노트로 사용하고 있다. 책의 첫 페이지는 대부분 간지(間紙)가 있다. 이곳에 나만의 1페이지 요약노트를 만든다. 이때는 기본적으로 사용하는 펜이 검정색펜이다. 삼색 볼펜은 중요 키워드에만 사용한다.

네 번째는 포스트잇의 용도이다. 내가 사용하는 포스트잇의 종류는 메모 포스트잇과 플래그 포스트잇이다. 메모 포스트잇의 경우, 문장 전체를 인용할 때 사용한다. 플래그 포스트잇은 문장이 아닌 한 페이지 전체를 향후에 다시 보고 싶은 경우 사용한다. 주로 도형이나 표 등이 있어서 펜으로 그리기 어려운 경우는 플래그 포스트잇을 붙여둔다. 포스트잇의 장점은 책을 읽은 후에 1페이지로 요약 시, 중요 메모 포스트잇을 모아서 1페이지로 요약하는 데 사용하고 다시 제자리에 붙여둔다. 이렇게 하면 1페이지 요약시간이 30분이면 충분하다. 이 방법을 사용하면 찾고자 하는 문장을 찾기 위해서 책을 다시 검색하는 불편함이 확 줄어든다.

각 도구는 각기 장점을 가지고 있다. 이러한 도구들은 책을 읽는 데 기본적으로 다섯 가지의 효과를 제공한다.

1. 책을 읽을 때 기억력을 높인다.
2. 어떤 문장이 중요성이 있는지 알게 한다.
3. 향후에 찾아보기 쉽게 한다.
4. 아이디어 발굴을 도와준다.
5. 인사이트를 제공한다.

나는 이러한 효과 때문에 언제 어디서나 이 도구들을 가지고 다니기 위해서 필통을 만들었다. 내가 필통을 가지고 다닌 기억이 고등학교 때가 마지막이었던 것 같다. 지금은 책을 읽을 때 이러한 도구들이 없으면 책을 읽기 불편하다. '300일 1일1독 프로젝트'를 하기 전에는 느끼지 못하는 경험을 하고 있다. 물론 전자책이나 핸드폰으로 책을 읽으면 이러한 도구가 당연히 필요 없다.

나는 전자책과 종이책은 상호보완적이라고 생각한다. 상황에 따라 전자책과 종이책을 번갈아 사용한다. 그럼에도 최근 내가 종이책을 많이 읽고 있기 때문에 이 도구들은 나와 함께 다니는 필수품이 되었다. "관심이 없던 사람이 관심을 가지면 세상은 모두 호기심 천국"이라는 말이 머릿속을 맴돈다. 내 가슴에 와 닿는다.

300일 1일1독 프로젝트 key point 27

형광펜과 색볼펜을 사용해서 중요도에 따라 밑줄 쳐라

01 책읽기 도구인 펜을 사용해서 기억력을 높여라

02 책커버 페이지와 목차는 노란색 형관펜을 사용하라

03 본문은 삼색 볼펜을 사용하라

04 1페이지 통합노트, 필사는 검정색펜을 사용하라

05 '300일 1일1독 프로젝트'로 세상은 호기심 천국이 되었다

메모는 기본, 책을 당신만의 상상 낙서장으로 만들어라

책을 당신의 노예로 만들어라

초등학교 시절에 선생님은 "책은 신성한 물건이어서 깨끗하게 쓰고 후배에게 물려주어야 한다. 책에 낙서하는 놈은 공부할 생각이 없는 놈이다."라고 하셨다. 그 말이 아직도 생생히 기억이 난다. 그 어린 시절에 얼마나 충격이었으면 그 말이 아직도 기억이 날까? 그 시절에는 책이 귀했고, '공부=책'이었다. 공부를 잘하는 사람은 '책도 깨끗하고 흠 없이 다루어야 한다.'는 것이 보편적인 생각이었다.

집에서도 책은 항상 거실의 중앙에 장식용으로 꽂혀 있었다. 보는 책이 아니라 누군가가 집에 오면 '우리 집은 이렇게 유식해요.' 하고 과시하는 개념이 강했다. 백과사전이 그러했고, 전집들이 모두 장식용으로 꽂혀 있었다. 내가 보고 싶을 때 아무 때나 보는 것이 아니라 물려주어야 할 소중한 자산이었다. 이런 책을 '낙서장으로 만들어라!'고 하면 내 또래의 사람들은 조금은 이상하게 쳐다볼 것이다. 과격한 사람은 정신없는 미친 짓이라고 생각할 것이다. 시대는 변화하고 있고, 요즈음처럼 책이 흔하고 흔한 시대에 누가 책을 신성하다고 생각하며, 소중하다고 생각하겠는가? 책이 소중하다는 의미는 책의 내용이 가치 있고 소중하다는 의미이지 책 자체인 종이가 소중하고 가치 있다는 의미가 아니다. 책은 자체로 보면 종잇조각이다. 그것도 엄청나게 성가신 폐품이다.

나는 2년 전에 집을 새롭게 정리했다. 미니멀 라이프로 TV에서 소개되는 트렌드를 보고 필(feel)을 받았다. 와이프에게 말했다.

"집 정리 한번 해볼까?"

아내도 내심 정리의 필요성을 느꼈던 모양이다. 아이들이 다 커서 필요 없어진 물건들이 꽤 많았다. 옷부터 시작해서 다양한 물건을 모두 폐기 처리하기 위해 끄집어냈다. 초등학교, 중학교, 고등학교 때 사용하던 교과서며, 학습지, 책꽂이에 꽂혀 있는 20년 동안 한 번도 읽지 않은 책들이 수북이 나왔다. 너무 많아 처치하기도 곤란한 지경이었다.

옷이나 물건들은 그나마 '아름다운 가게'에 기부가 가능했는데, 책은 기간이 너무 지나서 말 그대로 폐품이었다. 배울 때, 살 때는 모두 비싼 돈을 주고 샀는데, 버릴 때는 말 그대로 폐품이었다. 내 스스로도 한심스러웠던 것은 책들을 죽 훑어봤는데, 책이 너무도 깨끗한 것이었다. '도대체 이런 책들은 보기나 한 것인가?' 하는 자괴감이 들었다. 오히려 책 중에 보면 낙서도 있고 밑줄이 쳐져 있는 것이 있었다. '그래 바로 이거야!', '그래도 조금은 봤네, 공부했네!'가 느껴졌다. 책을 그냥 놔두면 모두 폐품이지만 책에 낙서라도 하면 당신의 추억과 향기가 묻어 있는 자산이 된다. 자! 이제부터 책을 험하게 쓰는 걸 두려워하지 말고 책을 당신의 노예로 만들자! 책에 대한 생각을 바꾸지 않으면 책과 친해질 수 없다. 생각을 바꾸어라!

책은 상상 낙서장이다

첫눈을 밟을 때의 설렘을 기억하는가? 나는 첫눈이 오면 지금도 설렌다. 새벽에 몰래 첫눈이 내린다. 나는 현관문 앞에서 첫눈을 보고 첫발을 내딛는다. 나의 발자국이 또렷이 찍힌다. 점점 앞으로 갈수록 발자국은 많아지고 내 발길이 경쾌해진다. 첫 발자국은 조심스러웠지만, 그 다음 발자국부터는 너무 쉽게, 편하다. 심지어 발자국 찍는 것이 재미있어진다.

새 책은 첫눈과 같다. 나는 며칠 전에 새 책을 받았다. 생각보다 너무 오래 기다렸다. 이틀이면 도착한다고 했는데, 3일이 넘었는데도 물건이 도착하지 않았다. 인터넷 서점의 고객센터에 불편 문의를 했다. 몇 시간 후에 택배 회사로부터 택배가 어디 있는지 전화가 왔다. "불편을 끼쳐드려 미안하다."고 하면서 오늘내로 도착할 예정임을 알려주었다.

회사를 마치고 얼른 집에 갔다. 택배회사로부터 온 배송물품 상자가 현관문 옆에 놓여 있었다. 기분이 좋아졌다. 기다리고 기다렸던 책이어서 더욱 기뻤다. 배송된 택배를 가지고 집에 들어갔다. 와이프가 말한다.

"웬 택배 상자? 어디서 가지고 오는 거야?"

와이프는 아마도 내가 회사에서 무엇인가를 가지고 온 줄 착각하고 있었던 것 같다.

"내가 며칠 전에 시켰던 책 택배야! 문 앞에 있어서 가지고 들어왔어!"

책이라는 말에 이제는 좀 당연하다는 듯이 "알았어! 당신 며칠 즐겁겠네!"

하고 웃으면서 주방으로 갔다. 최근에는 와이프도 나의 열정에 포기하고 이해하고 있다.

　나는 내방에서 허겁지겁 택배를 풀고, 책 언박싱을 했다. 주문했던 책이다. 의자에 앉고, 책을 읽을 준비를 했다. '자! 이제부터, 책읽기 고!' 나는 새 책의 커버 페이지에 처음으로 노란색 형광펜으로 줄을 긋는다. 이 순간 가슴 한편에서 심한 떨림을 느낀다. '새 책인데 색칠을 해도 되나?' 하는 생각이 잠시 머릿속을 스친다. 마치 새벽 눈에 첫발을 내디딜 때 '이렇게 해도 되나?'의 느낌이다. 노란색 펜으로 시작해서 시간이 지날수록 더욱 강력한 펜들을 사용한다. 빨강펜, 파란펜, 녹색펜, 검정펜 등 점점 횟수와 농도가 진해진다. 어느 순간부터는 약간의 죄의식은 없어지고 완전히 자유로운 낙서장이 된다. 책은 내가 상상하고 펼치는 자신만의 상상 낙서장이 된다.

　중학교 때 선생님에게 된통 혼난 적이 있다. 그 당시는 화장실에 가면 온갖 낙서가 화장실 전체를 뒤덮고 있었다. 누군가는 호기심으로 글을 썼다. 누군가는 그림을 그렸다. 누군가는 사랑고백을 했다. 나는 생각했다.

　'화장실에서 짧은 시간 볼일을 보면서 도대체 이 많은 낙서는 누가하는 것일까?'

나는 낙서를 하면 안 좋은 행위라고 생각했다. 그러다가 우연히 이런 생각이 들었다.

'내가 이 많은 낙서에 조금 덧붙인다고 뭐 해될 것이 있겠나?'

그래서 한두 줄 낙서를 시작했다. 그러다 낙서에 취미를 붙였다. 낙서를 보면서 재미있어 킥킥거리기도 하고, 좋은 글에 감정이 높아지기도 했다. 나는 화장실만 가면 시간이 오래 걸리기 시작했다. 가끔 낙서가 재미있어 일부러 화장실에 오래 있던 적도 있었다. 그러다 일이 잘못되었다. 낙서하다가 쉬는 시간이 지나서 교실로 돌아왔다. 가장 무서운 선생님의 수업 시간이었다.

"너 뭔데 지금 들어와!"

불호령이 떨어졌다. 나는 당황해서 아무 말도 못했다. 선생님이 이유를 말하라며 호통을 쳤는데, 낙서했다고 할 수 없어 아무 말을 못했다. 선생님이 화가 나서 "복도에서 손들고 서 있어!" 하는 바람에 졸지에 수업시간 내내 손들고 서 있었다. 이 일이 있는 후로부터 화장실 가면서 조심하게 됐다.

학교에서는 화장실이 낙서로 너무 지저분하다는 이유로 완전히 페인트칠을 해버렸다. 선생님들도 "화장실에 낙서 하는 놈 잡히면 가만히 안 놔둔다."

고 엄포를 놓으셨다. 아이들의 상상력 공간이 완전히 사라졌다. 나의 상상력도 점차 시들어 갔다.

책을 읽다 보면 빈 공간이 많다. 나는 여백이 있는 책이 좋다. 어떤 책은 글로만 채워져 있다. 이런 책은 읽기도 벅차고, 보는 것만으로도 숨이 막힌다. 물론 작자는 자기의 생각을 더 많이 글로 알려주기 위해서 혼신의 힘을 다한다. 머리에 있는 모든 지식을 짜내고 짜내서 모든 페이지를 완벽히 글로 채운다. 작가는 만족할 것이다. 상급 독서가들은 모르겠지만 초급독서가들은 보는 순간 책을 내려놓는다. 이 두꺼운 책을 언제 읽나 싶어 질려 버린다. 자기의 생각을 조금은 적게 하고 책의 여백을 조금 더 두면 어떨까? 독서의 목적은 독서를 하면서 상상하고 즐기는 것인데, 적어도 여백이 있어야 자기가 생각한 것을 넣을 것 아닌가?

책 본래의 목적을 달성하기 위해서라도 많은 여백과 간지가 있어야 한다. 널찍한 공간에 독자의 상상력을 채울 수 있도록 최대한 여백을 많이 주자. 책은 출간하는 순간 작가의 것이 아니라 독자의 것이다. 독자가 즐길 수 있게 하자. 작가가 여백을 제공함으로써 소통의 공간을 만들어 독자와 끊임없이 소통하도록 하자. 독자는 이 상상력 공간에서 읽고 생각나는 모든 감정을 이입할 수 있다. 이 상상력 공간에 독자가 꿈에 그리던 그림을 그려 그림책을 만들 수도 있고, 시를 쓸 수도 있고, 멋진 성을 그릴 수도 있고, 캘리그라피를

쓸 수도 있다. 폐품으로 처리할 책이 아니리 철저히 유산으로 남길 가치 있는
책으로 만들어가자.

300일 1일1독 프로젝트 key point 28

메모는 기본,
책을 당신만의
상상 낙서장으로 만들어라

01 책을 당신의 노예로 만들어라

02 새 책의 낙서에 대한 두려움을 버려라

03 낙서는 상상력이다

04 책의 간지와 여백을 사용해서 낙서하라

05 자기만의 낙서를 통해서 유산으로 남길 가치가 있는 책으로 만들어라

읽고, 흡수하고, 이행하라

책읽기는 단계적인 향상을 거친다. 습관 → 몰입 → 실행

'300일 1일1독 프로젝트'를 하기 이전에 나의 책읽기 습관은 엉망이었다. 습관이 없었다. 생각나는 대로 책을 읽었다. 나는 매달 한 달의 한 권의 책을 읽어야 한다고 마음속에 다짐한다. 하지만 한 달이 지나가고 두 달이 지나가면 책읽기가 더 어려워진다. 왜 이런 일이 발생했는가? 책읽기 습관이 문제였다. 책을 너무 천천히 읽다 보니 금방 지쳤다. 책을 읽는 방법은 다양하다. 그 다양성을 이해한 상황에서 책을 보고 선택해야 한다. 그런데 선택하는 과정에서 불충분한 정보를 듣고 선택하는 경우가 많다. 그렇게 되면 항상 오점을 남기고 후회하게 된다.

책읽기 관련하여 누군가에게 들은 이야기가 있었다. 천천히 음독하는 방법이 좋다. 그래야 '이해력이 올라가고 기억에 오래 남는다.'는 것이었다. 이 방법에 대해 내가 검증을 하지 않고 남이 하는 이야기를 맹목적으로 추종했다. 남이 좋다고 하니 방법을 바꿀 생각을 하지 않고 그냥 따라 했다. 음독은 치명적인 단점이 있었다. 속도감이 없다 보니 책을 읽는 데 시간이 너무 많이 걸렸다. 그러다 보니 책을 읽다가 중간도 읽지 못하고 아예 포기해버렸다. 책 중에서도 어떤 책은 음독을 해야 하는 책이 있고, 어떤 책은 낭독을 해야 하는 책이 있다. 책에 따라 자신의 독서법을 달리한다고 생각했다면 얼마든지 책을 빠르게 읽었을 수 있었을 것이다. 책읽기에 재미를 붙일 수 있었을 것이다. 습관으로 만들 수 있었을 텐데!

'300일 1일1독 프로젝트'를 시작하면서 책읽기 습관이 만들어졌다. 책읽기 습관이 만들어지면 다음 단계는 몰입의 단계이다. 책 읽는 동안 미친 듯이 몰입하고 흡수할 수 있다. 책 읽는 동안 집중을 넘어서 몰입의 세계로 빠지는 순간 어떠한 시공간의 제약도 받지 않는다. 몇 날 며칠을 책을 읽어도 배고프지도 아프지도 않다. 나는 아직 이 단계까지는 가지 못했다. 가지 못했기 때문에 더욱 가고 싶다는 열망이 있다.

에디슨, 아인슈타인, 소크라테스 등 역사 속의 몰입의 고수들의 이야기를 들어보면, 나도 반드시 도달하고 싶은 단계이다. 몰입을 위해서 현재 하고 있는 것이 몰입명상이다. 몰입명상을 매일 약 30분 정도 하고 나면 기분이 상쾌해진다. 아직 완벽한 실행의 단계가 아니어서 효과를 입증하지 못하고 있다. 시간이 지나면 점점 나아질 것이라고 확신하다. 책읽기의 끝판왕은 실행이다.

'300일 1일1독 프로젝트' 190일이 경과하면서 수많은 책들을 읽었다. 머릿속에만 가지고 있고 실행을 하지 않으면 지식인은 될 수 있어도 지혜인은 될 수 없다. 나는 책을 읽으면 실행해야 할 문구 앞에 동그라미를 치고 실행이라는 색인을 붙인다. 책을 읽다 보면 어떤 경우에는 1개가 나올 때도 있고, 5개가 나올 때도 있고, 10개가 나올 때도 있다.

그러면 결정을 해야 한다. 모든 것을 실행하려고 하면 모든 것을 하지 못할 수 있다. 하루에 1~2권씩 책을 읽는데, 여기서 실행할 내용을 5개, 10개씩 찾는 것은 현실적이지 못하다. 실행도 중요하지만 실행하는 데 시간을 많이 잡아먹어도 안 된다. 스스로에게 스트레스가 쌓인다. 실행하겠다고 생각은 하고 있는데, 실행이 안 되기 때문이다. 실행에도 전략이 필요하다. 10개 중에 오늘 꼭 해야 할 실행 하나만 선정한다. 그리고 이것을 집중적으로 실행한다.

실행이 어려운 이유는 실행이 습관이 되어야 효과가 있기 때문이다. 실행을 습관화 시키려면 시간이 필요하고 끊임없는 노력을 해야 한다. 그렇지 않으면 중도에 포기하게 된다. 기억에서 완전히 사라지게 된다. 실행이 완전이 몸에 배게 하려면, 머리로 이해해서는 안 된다. 몸이 이해하고 있어야 한다.

나는 새벽형 인간이다. 새벽 4시에 일어난다. 말로는 새벽 4시에 일어나는 것이 쉽다. 누구나 이야기할 수 있다. 그러나 이것을 실행하기에는 힘든 노력이 필요하다. 나는 이것을 실행하기 위해 4년 이상의 노력을 하고 있다. 지금은 내 몸의 일부가 되어 자연스럽게 일어난다. 심지어 알람이 울리지 않아도 새벽 4시 주변만 되면 몸이 알고 나에게 알려준다.

'일어날 시간이야!'

습관이 실행을 만든다

나는 최근에 와이프와 같이 부산에 갈 일이 있었다. 1년에 보통 2~3번은 부산에 내려간다. 부산에 가려면 보통 새벽 4시에 기상한다. 주말에 당일 코스로 갔다 와야 하고, 차가 막히지 않는 시간에 가려면 새벽 4시 전후가 가장 좋은 시간대이다. 이 습관은 결혼하고부터 지속되어온 습관이다. 와이프는 나를 보고 "별나다."라고 한다. 그래도 나는 이 습관을 유지하고 있다. 교통체증으로 인해 차가 막혀서 시간 낭비하는 것이 너무 아깝다고 생각한다. 남들과 같이 다니면 추종이 되지만 남들과 다르게 하면 리딩이 된다.

그날 새벽 4시에 일어날 수 있도록 알람을 설정했어야 했는데, 두 사람 모두 알람설정이 되어 있지 않았다. 그런데 신기하게도 내 몸이 시간을 알고 있었다. 내 무의식 속에서 4시에 일어나야 한다는 것을 감지하고 있었고, 자신에게 시간을 보냈다. 잠을 자다가 이상한 느낌이 들었다. '일어나야 하는데 왜 알람이 안 울릴까?' 하는 느낌이었다. 일어나서 핸드폰의 시계를 보니 새벽 4시 5분이었다. 자다 보면 4시쯤 화장실을 가고 싶다거나 하는 이유로 잠이 깨는 경우가 종종 있다. 알람이 울리기 전이다. 와이프가 가끔 내게 말한다.

"나이 먹어서 새벽잠이 더 없어지면 어떻게 하려고?"

자기는 절대 일어나지 못하니 깨우지 말라고 한다.

이렇듯 하나의 일을 실행하려면 습관을 만들어야 하고 습관은 몸에서 인식할 때 완성한다. 머리만 실행하는 것은 며칠 가지 않는다. 이래서 가장 시간이 많이 걸리고 어려운 것이 실행이다. 책을 읽은 후에 오늘의 실행하기 한 문장을 기억하고, 2~3일은 열심히 한다. 그러나 또 다른 실행하기가 밀려오면 어느새 기억의 저편 속으로 사라진다.

그래서 '300일 1일1독 프로젝트'를 진행하면서 실행도 체킹하는 과정을 만들었다. 일요일은 주중에 실행한 6가지에 대해서 점검해보고, 어떻게 했는지를 평가하는 시간을 갖는다. 실행이 계속 잘되고 있는 활동은 높은 평점을 준다. 리워드를 준다. 매일 매일 즐길 수 있도록 한다.

300일 1일1독 프로젝트 key point 29

읽고, 흡수하고, 이행하라

01 상황에 따라 정독, 낭독, 음독, 묵독, 뇌독 등
다양한 방법으로 책을 읽어라

02 책읽기의 끝판왕은 실행이다

03 책읽기는 습관 → 몰입 → 실행 등의 과정을 거친다

04 실행을 검증하는 체계를 만들어라

05 실행을 잘 하면 리워드를 주어라

07

책 한 권으로 읽기, 쓰기, 필사까지 끝내라

책은 우리를 치유해준다

'300일 1일1독 프로젝트' 190일이 지났다. 책은 나를 치유해주고 있었다. 몇 개월 전, 퇴근 후의 일이다. 회사 내에 여러 가지 이슈와 개인적인 일을 처리하기 위해 머릿속이 복잡했다. 머리를 너무 쓴 나머지 머릿속이 텅 비어 있다는 느낌과 머리가 아프다는 느낌을 받았다. 나의 복잡한 생각들이 뇌를 병들게 하고 있었다. 이러다가 뇌혈관이 터지는 것 아닌가 하는 생각이 들었다.

내 마음속에서 부정적인 음성이 들려왔다. 어떻게든 그 상황을 벗어나고 싶었다. 집 침대에서 가수면을 취해보기도 하고, 잠시 창밖의 먼 곳을 바라보기도 하고, 5분 명상을 하기도 했다. 상황을 쉽게 벗어날 수 없었다. 계속 여러 가지 부정적인 이슈가 내 머리를 옥죄고 있었다. 내 의지도 계속 부정적 생각에 휩싸이고 있었다. 머리는 더욱 어지러웠고, 욱신거렸다. 이러다 안 되겠다 싶어 무엇이라도 해야겠다는 생각에 집 책상에 있는 책을 집어 들었다. 3분간 호흡으로 생각을 가다듬은 후에 책읽기를 시작했다.

그러자 너무도 이상한 일이 일어났다. 잠시 집중해서 책을 읽는 순간 머리가 차분해지는 것을 느꼈다. 욱신거리던 머리가 덜 욱신거리면서 통증이 자연스럽게 가라앉는 느낌이었다. 그런 느낌이 들자 나도 모르게 책에 더욱 집중하게 되었다. 45분을 쉼 없이 읽자, 거짓말처럼 통증이 있던 머리에서 통증이 사라졌다. 정말로 '책을 읽으면 뇌에서 알파파가 나와서 정신을 맑게 한다.'는 말이 사실임을 알게 되었다. 최소한 나의 경우에는 맞는 말이었다. 머리에 통증이 사라지니, 기분이 한결 좋아졌다. 무엇보다도 책을 읽는 데 더 집중할 수가 있었다. 이전 속도보다 더욱 빠른 속도로 책을 읽을 수 있었다.

이 경험 이후에 책 읽는 데 더욱 즐거움이 생겼다. 책이 나를 치유해준다고 생각하니 책에 대한 믿음이 생겼다. 실제 의학적으로도 해외연구 결과를 보면, 책을 읽을 때 스트레스 해소, 우울증 개선효과, 뇌 활성화를 통해서 알츠

하이머가 예방된다고 한다. 책을 바라보던 시선이 하나의 물건이 아닌 생명력을 가진 존재로 느껴진다. 시간과 공간을 초월해서 서로의 생각을 묻고 답할 수 있는 매개체인 책에서 무엇인가 신비로운 매력이 느껴진다.

책은 작가가 만들어 놓은 영혼을 가진 분신이다. 작가는 책을 만들 때 혼신의 힘을 다해서 책을 만든다. 자기 앞에 독자가 있는 것처럼, 대화하는 것처럼 독자를 이해하고 달래준다. 슬픔과 기쁨을 나누면서 책을 만든다. 이름 모를 자기의 독자들을 위해서 고민하고 또 고민한다. 독자들에 어떤 메시지를 주고 경험을 주어서 이들을 행복하게 할지를 고민한다. 고민의 결과가 책이라 한 권의 열매로 세상을 맞이한다.

책 한 권에 지식창고를 만들어라

책 한 권에 읽기, 쓰기, 필사까지 해야 하는 이유는 무엇일까? 책 한 권도 가지고 다니기 힘들 정도로 바쁜 현대인들이 책 한 권 읽기 위해 이것저것 준비하는 것은 책 읽는 문턱을 높이는 길이다. 책 한 권 사면 편하게, 책 한 권에서 모든 것을 끝낼 수 있도록 해야 한다. 요즘에는 필사 책이 많이 나오고 있다. 이러한 필사 책을 사는 것보다 자기 책의 활용성을 높이는 것은 어떨까, 생각해본다.

'300일 1일1독 프로젝트'를 하는 초반에는 전자책을 많이 애용했다. 인터넷 서점의 1년 구독권을 2개나 가지고 있을 정도로 전자책을 지금도 애용한다. 처음에는 1개 인터넷 서점의 1년 구독권만 가지고 있었는데, 책을 읽다 보니, 내가 읽고 싶은 e-book들이 없어서, 다른 인터넷 서점의 1년 구독권을 하나 더 구매했다. 전자책은 가지고 다니기 편하고, 부피도 작고, 비용도 저렴한 장점이 있어서 만족도가 높다.

그런데 이 전자책이 몇 가지 단점이 있다. 책을 읽고, 생각을 메모하고, 필사하기에는 부족한 점이 많다. 전자책으로 책을 읽기는 읽었는데, 도무지 기억이 나지 않는다. 물론 남들이 하는 것처럼 독서노트를 따로 만들어서 책의 중요한 부분을 기록했지만, 나중에 기록과 책을 매칭하려고 하면 기록을 찾기가 너무 힘들다. 아직 전자책은 종이책의 유용성을 따라가지 못한다. 전자책은 시간이 지나면 불편함을 해소한 새로운 버전이 나올 것이다. 그때까지는 종이책과 전자책을 같이 사용해볼 생각이다. 책을 구매해서 읽다 보면 내용이 가벼운 책들이 있다. 나는 이런 책들은 가볍게 전자책을 활용한다. 그리고 내가 4점 이상의 별점을 준 책은 구매한다. 나는 이런 책은 책 한 권에 읽기, 쓰기, 필사하는 통합독서를 한다.

책은 창조적 파괴를 한다. 책과 책의 교감을 통해서 제3의 전혀 다른 책이 나온다. 밥상은 이미 차려져 있고, 우리는 맛있는 재료를 듬뿍 넣어 모두가 좋아하는 책을 만들 수 있다. 재료가 떨어질 일은 없다. 하루에도 수백 권의 책이 쏟아져 나온다. 이러한 모든 책은 우리의 스승이자 멘토이며 우리를 행복하게 한다. 나는 오늘 어떤 책을 보며 상상의 나래를 펼지 생각해본다. 책을 읽으면서 질문을 한다. 맛있는 책을 읽기 위해서는 질문하고, 분석하고, 평가하고, 저자와 동등한 레벨에서 끝없이 의견을 교류한다.

책은 말한다. 나는 이렇게 생각했노라고, 너의 생각이 틀린 것이 아니고 나와 생각이 다를 뿐이라고. 작가는 글로 표현하려고 노력했지만 표현된 글로는 의미가 전달이 안 되는 미지의 언어가 책 속에 숨어 있다. 이것을 느끼고 교감할 때 진정성 있는 책읽기를 하였다고 생각한다. 이러한 생각이 커지면 커질수록 내가 책의 세상 속으로 한 발짝 더 깊이 들어가고 있는 느낌이다. 이런 좋은 느낌을 더 강하게 받기 위해서는 필사가 제격이다.

나는 아침시간에 10분간 필사한다. 아침 10분 필사는 글을 쓰는 데 도움을 준다. 필사를 계속하다 보면, 어렵기만 하던 글쓰기가 시간이 지나면서 자연스러워진다. 내 머릿속에 들어 있는 단어들이 자연스럽게 밖으로 튀어나온다. 나는 필사라고 해서 똑같이 따라 쓰기만 하는 것이라고 생각하지 않는다. 처음에는 따라 쓰기만 했다. 시간이 지나면서 저자가 쓴 내용을 보고 내 마음대로 생각을 비틀어서 쓰고 있다. 이렇게 하는 것이 훨씬 재미있다. 저자가 쓴 내용과 내가 쓴 내용을 나중에 보면 확연히 차이가 난다. 같은 내용인데,

생각이 다르고, 경험이 다르기 때문에 아웃풋이 다르게 나올 수밖에 없다.

필사를 통해서 책의 내용도 더 확실히 알 수 있고, 나의 생각의 깊이가 깊어진다는 것을 느낄 수 있다. 나는 간지나 여백을 활용해서 책 안에 필사를 한다. 책을 읽다가 좋은 글이 나오면 바로 필사한다. 굳이 필사 노트를 찾을 필요가 없다. 책의 간지나 여백의 활용은 기억하는 데 최적의 공간이다.

나는 책 한 권을 사면, 이 책을 최대한 활용한다. 고이 모셔 두는 것이 아니라 나의 지식창고로 사용한다. 창고는 몇 가지 관점에 있어서 사람들에게 유용성을 제공한다.

1. 원하는 물건은 무엇이든 넣어 놓을 수 있다.
2. 필요할 때, 언제든 물건을 쉽게 꺼낼 수 있다.
3. 물건이 어디 있든 찾기가 쉽다.
4. 선반 등을 잘 갖추어 놓으면 활용이 쉽다.
5. 물건을 잘 닦지 않으면 녹이 슬어 사용하지 못한다.

책도 이와 마찬가지로 사람들에게 편리한 도구이다. 책 한 권으로 할 수 있는 것을 보자.

1. 나는 책에 나의 생각과 책의 생각을 융합하여 다양한 콘텐츠를 만든다. 새로운 생각을 만든다. 책을 한 권씩 구매할 때마다 한 권의 지식창고가 생긴다. 이러한 지식창고를 연결하고 융합하여 새로운 지식발전소를 만든다. 나는 잠재의식이라는 거대한 궁전 속에 하나씩 지식을 쌓아 놓는다. 언제가 축적의 시간이 지나고 지식의 빅뱅이 일어날 것을 기대하면서……

2. 책은 언제든 지식을 쉽게 꺼낼 수 있다.

3. 책에 메모, 밑줄, 스티커, 별점, 포스트 잇 등을 붙여놓음으로써 언제든 쉽게 어디에 어떤 지식이 있는지 찾기 쉽다.

4. 책은 목차라는 설계도를 가지고 있다. 장제목과 소제목을 통해서 어디에 무엇이 있는지 쉽게 파악할 수 있다.

5. 책에 있는 지식은 기록하고 정기적으로 기억하지 않으면 기억의 어둠속으로 사려져버린다.

나는 필사와 함께 글쓰기를 30분 정도 해왔다. 글쓰기는 책읽기와 함께 또 다른 삶의 유희를 제공한다.

08

생산적 독서를 위해 책 한 권을 1페이지로 정리하라

책 한 권을 1페이지로 정리한다

'300일 1일1독 프로젝트' 200일이 지났다. 나는 책 한 권을 1페이지로 정리하기 시작했다. 책 한 권을 정리하지 않으면 기억나지 않는다. 책을 많이 읽는 사람들은 '책을 읽고 기억이 나지 않는다.'것을 고민한다. 대부분의 사람들은 이를 방지하기 위해 독서노트를 만들어서 자주 보는 습관을 가진다. 나도 프로젝트 초기에는 독서노트를 만들어서 사용해봤지만 가지고 다니거나 관리하는 것이 불편했다. 뭐 좋은 방법이 없을까? 고민했고, 책 안에 1페이지로 적어서 모든 내용을 담기로 했다.

'책 한 권의 모든 내용을 1페이지 리포트로 만들자!'

20여 년 회사에 근무하면서 가장 많이 했던 것이 보고서 작성이다. 수십 편의 리포트를 읽고, 1Page로 정리해서 보고한다. 직장인들은 시간이 많지 않다. 보고 받는 사람도 보고하는 사람도 핵심만 추려서 보고하고 실행한다. 이런 이유로 책 한 권을 1페이지로 요약 체계를 만들었다. 1페이지 요약방법은 기억을 높여주는 효과가 있고, 빠르게 실행할 수 있는 장점이 있어 책 쓰기에 응용하게 되었다.

읽고, 쓰고, 생각하고, 다시보자

나는 핸드폰에 '노트'라는 앱을 사용해서 책에 요약한 내용을 언제 어디서나 쉽게 볼 수 있도록 했다. 나는 '노트'에 '아이디어 저장소', '1페이지 BR'이라는 디렉토리를 가지고 있다. 1일1독한 책은 그날 아침, 점심, 저녁에 3번 본다. 그리고 주말에 한 번 더 본다. 생각이 나면 언제든지 핸드폰을 열고 다시 본다. 나는 책의 커버 페이지나 간지에 1Page Book Reading(BR)을 작성한다. 책의 전체 내용을 1페이지로 요약하고 기록한다. 다음은 내가 책 한 권을 읽고 요약하고 기록하는 방법이다.

1. 개요	
① 제목 : 1일1독의 힘	② 부제 : 상위 1% 직장인을 만드는 광독서법!
③ 저자 : 문영일	④ 직업 : 직장인
⑤ 일자 : 2021.00.00일	⑥ 출판사 : 굿웰스북스
⑦ 페이지 : 336 페이지	⑧ 구성 : 5장 38꼭지
⑨ 읽은 시간 : 1시간	⑩ 별점 : 5점

2. 질문하기
① 왜 당신은 이 책을 선택했는가?
② 이 책으로부터 얻고자 하는 것은 무엇인가?
③ 저자가 이 책에서 말하고자 하는 것은 무엇인가?

3. 이 책의 특징
①
②
…

4. 요약하기
① 핵심 키워드
② 인용문구
–
–
③ insight
–
–

5. 실행하기
① 최고의 한 문장
–

② 오늘의 시행문장
-
6. 오감하기
① 색 :
② 맛 :
③ 향 :
④ 청 :
⑤ 촉 :
7. 필사하기
-
-

1. 개요

책이 가지고 있는 인포메이션 위주로 적는다. 제목과 부제는 작가가 말하고 싶은 최고의 한마디이다. 작가가 누구인지, 어떤 직업을 가지고 있는지, 작가의 직업이 무엇인지에 따라 책을 쓰는 방법이나 대상 등이 다르다. 책을 읽은 일자는 언제인지, 구체적인 일자를 적는다. '출판사가 어디인가?', '몇 페이지인가?', '책의 구성은 어떻게 되어 있는가?' 책의 목차와 꼭지를 보면 책의 방향성을 알 수 있다. '책 읽는 시간은 얼마나 걸렸는가?', '내가 이 책을 읽고 얼마만큼 감동했는가?' 감동의 점수로 별점을 주고 있다. 별점은 5점 만점이고 1~5점 사이에 별점을 준다. 별점 결과에 따라 책을 다시 읽거나, 전자책의 경우 종이책으로 구매한다.

2. 질문하기

질문은 총 10개가 있다. 10개를 질문하고 답하기를 하면 시간이 부족하다. 핵심적인 질문 3가지만 묻고 답하기를 한다. 책의 본문을 읽기 전에 질문을 묻고 답하면서 대략적인 책의 내용을 파악한다. 내가 읽으면서 초점으로 가져가야 할 것들을 정리한다.

3. 이 책의 특징

책의 커버 페이지, 저자약력, 목차, 프롤로그, 에필로그, 본문을 빠르게 스캐닝 한다. 작가의 특징을 찾을 수 있다. 전체 책을 구성하는 방법에서 책에 따라 요점 정리를 확실하게 해주는 책이 있고, 어떤 책은 도형과 표 등을 많이 사용한다. 간결하게 독자에게 메시지를 주고 싶어 한다. 어떤 책은 질문을 하는 책, 어떤 책은 실행을 하는 책, 어떤 책은 책 속의 책 리스트를 제공하는 책 등 책들은 저마다 다양한 특징을 가지고 있다.

4. 요약하기

이 책의 핵심 키워드 5개를 적는다. 5개를 가지고 질문을 만드는 데 활용한다. 나는 본문을 읽으면서 중요한 문장이나 의미가 있는 문장에는 밑줄을 긋는다. 밑줄 앞에 색인을 사용한다. 색인은 내가 왜 밑줄을 그었는지 이해하기 쉽게 하기 위해서 인위적으로 만든 짧은 단어이다. 색인에도 중요도에 따라 별을 메긴다. 별은 1~5개를 사용한다. 중요도가 높은 문장에 별을 많이 붙인다. 별이 4~5개인 문장은 1페이지 BR에 다시 사용한다. 책의 본문에서 색인을 사용하는 방법은 문장 앞에 색인의 내용을 적고 빨간색 펜으로 동그라미와 함께 별을 그린다. 책의 본문에 사용하는 색인의 의미이다. 이중에서 가장 많이 사용하는 색인은 인용, 질문, 실행, 필사, 통찰 5개 정도다. 5개를 가지고 책을 요약하는 데 핵심 내용을 파악한다.

인용 : 좋은 문장이다. 명언 등을 발견하면 표시한다.

질문 : 작가가 생각한 내용과 다르거나, 궁금한 사항에 대해서 질문한다.

실행 : 오늘 실행할 한 문장을 선택하기 위해 표시한다.

근거 : 작가가 주장한 내용에 대한 근거가 무엇인지를 표시한다.

사례 : 작가가 사례로 든 문구를 표시한다.

주장 : 작가가 이 책에서 핵심적으로 주장하는 문장을 표시한다.

통계 : 작가가 사용한 통계, 표를 표시한다. 향후 내가 책을 만들 때 인용가 능하다.

필사 : 작가가 글 쓴 내용 중 가장 인상적인 내용이나 좋은 글을 필사한다.

통찰 : 책을 읽고서 내가 받은 인사이트를 적는다.

5. 실행하기

실행하기는 '최고의 한 문장'과 '오늘의 실행문장'이 있다. '최고의 한 문장'은 책을 읽고 별표를 가장 많이 받은 '최고의 한 문장'을 선택한다. '오늘 실행

문장'도 내가 오늘부터 할 수 있는 최고의 실행문장을 적는다.

6. 오감하기 7. 필사

이 부분부터는 1페이지 BR의 필수항목은 아니고 부가항목이다. 1시간 안에 한 권을 독파하는 것이 목표다. 책을 읽고 오감을 적거나 필사하는 데는 시간이 걸린다. 나는 책을 읽을 때 시간을 정해놓고 책을 읽는다. 책 읽는 시간이 정해진 시간을 지나면 책읽기를 멈춘다. 주말 등 시간적 여유가 생기면 적극적으로 필사하기와 오감하기를 활용한다.

나는 책 한 권에 하나씩 1페이지 BR을 만든다. 읽고, 쓰고, 생각하고, 저장하고, 다시보기를 반복한다. 책읽기 역량이 급격히 향상되었다. 편리하게 기억하고 실천하게 됨으로써 생각의 폭이 커졌다. 이 방법을 배우면 당신의 책읽기 능력은 퀀텀 점프할 것이다.

생산적 독서를 위해
책 한 권을 1페이지로 정리하라

01 책 한 권을 1페이지로 정리하라

02 저장된 1페이지를 언제든 다시 볼 수 있도록 핸드폰 앱을 사용하라

03 1페이지에 들어갈 프레임을 만들고 내용을 기록하라

　　개요→질문하기→이책의특징→요약하기→실행하기→오감하기→필사

04 1페이지 BR(Book Reading)은 당신의 생각을 퀀텀 점프시킬 것이다

4장. 인생을 바꾸는 핵심 책읽기 기술

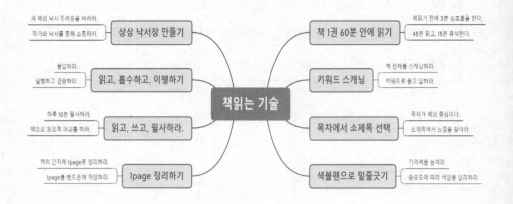

새 책의 낙서 두려움을 버려라.
작가와 낙서를 통해 소통하라.

상상 낙서장 만들기

몰입하라.
실행하고 검증하라.

읽고, 흡수하고, 이행하기

하루 10분 필사하라.
책으로 창조적 파괴를 하라.

읽고, 쓰고, 필사하라.

책의 간지에 1page로 정리하라.
1page를 핸드폰에 저장하라.

1page 정리하기

책읽는 기술

책읽기 전에 3분 숨호흡을 한다.
45분 읽고, 15분 휴식한다.

책 1권 60분 안에 읽기

책 전체를 스캐닝하라.
키워드로 묻고 답하라.

키워드 스캐닝

목차가 책의 중심이다.
소제목에서 느낌을 찾아라.

목차에서 소제목 선택

기억력을 높여라.
중요도에 따라 색깔을 달리하라.

색볼펜으로 밑줄긋기

상상낙서장

5 장.

사람들이 상상할 수 있는 모든 생각들은 이미 책 속에 있다. 책읽기는 "나다움"을 찾기 위한 과정이다. 책을 읽으면 읽을수록 나라는 존재의 의미를 명확히 안다. 나를 알아야 나를 빛낼 수가 있다. 나에 대해서 한 번도 깊이 생각해보지 않았다면, 지금부터 나를 찾는 과정을 시작해라. 본능에 이끌리는 대로 쾌락과 욕망을 젖어 살지 말고, 사유하는 나를 찾아라. 성공을 원하는가? 행복을 원하는가? 미래에 꿈을 펼치기를 원하는가? 멋진 삶을 살기를 원하는가? 모든 것은 이미 책 속에 답이 있다. 당신이 책을 읽고 실천만 한다면 당신은 이미 성공인이다. 광독서법은 직장에서 당신을 성공시킬 수 있는 Only one의 무기가 될 것이다.

인생의
모든 답은
책 속에
이미 있었다

01

새벽 책읽기를
실천하라

습관을 만드는 30일, 60일, 90일 3배수의 법칙을 기억하라

나는 한때는 야행성이었다. 주중에는 회사에 다니기 때문에 어쩔 수 없이 일찍 일어났다. 주말은 상황이 달랐다. 주말은 몸과 마음을 편히 쉴 수 있다는 생각 때문에 영화, TV, 소설, 프리미어리그, 메이저리그의 팬이었다.

예전에 유행했던 말이 있다.

"열심히 일한 당신, 떠나라."

　나는 주말에는 주중에 하지 못했던 것을 하자고 생각했다. 이러다 보니 주로 아침에 하는 것보다 야간에 하는 것이 왠지 편안함을 주었다. 우리가 한 편의 영화를 본다고 생각하자. 주말 야간에 공포영화를 본다면, '아! 스릴있고, 재미있겠네요.'라고 한다. 그런데 '새벽에 공포영화를 본다.'고 하면 이상하게 생각할 것이다. 누가 멀쩡한 정신에 아침부터 공포영화를 보겠냐고! 바로 그렇다. 새벽은 뇌가 휴식을 취하고 새롭게 시작하는 때이다. 모든 것이 다시 시작한다. 우리들의 몸도 새롭고, 신선하고, 깨끗하면서도, 정적인 것을 원한다. 새로 시작한 아침부터 누가 족발을 먹을 생각을 하겠는가? 아침은 부드러운 수프나 샐러드가 제격이다. 야간과 새벽은 정신에서부터 몸이 원하는 것이 다르다.

　새벽 일어나기를 실천하기 위해서 뭔가 거창한 일을 해야겠다고 생각하지 마라. 나는 아주 단순한 욕망에서 새벽 일어나기를 시작했다. 지금도 그 즐거움 때문에 습관이 되었다. 그 욕망의 단초는 우연히 서점에 진열되어 있던 50대 중년의 몸매였다. 그 몸매를 보고 '나도 한 번 만들어봐야지' 하는 생각이 들었다. 하루 일과 중에 누구에게도 눈치 보지 않고 내가 운동할 수 있는 시간을 찾았다. 그 시간대가 새벽 4시부터 아침 8시였다. 몸매를 만들기 위해서 와이프에게 일부러 호언했다.

"기다려 봐! 2달이면 복근 가진 남편하고 살게 될 거야!"

약간은 유치한 떠벌림이었다. 이런 떠벌림이 스스로 더 해야겠다는 생각을 만들었다. 더 열심히 했다. 한두 달이 지나고 몸무게가 빠지기 시작하고 몸에 변화가 생겼다. 그러면서 3개월이 지나니 새벽에 일어나는 것이 전혀 무리가 없었다. 내 몸은 어느새 내가 새벽에 일어나는 기억하고 있었다. 몸을 변화시키기 위해서는 3의 배수법칙을 기억해야 한다. 3일, 30일, 60일, 90일마다 고비가 있었다. 처음에는 하루에도 몇 번씩 '그만둘까?' 하는 생각이 30일이 넘어가면서 일주일에 한두 번으로 줄었다. 90일이 넘어가니 한 달에 한두 번으로 줄면서, 완전히 몸에 적응이 된다. 몸에 적응이 됐다는 의미는 그 시간에 일어나지 않으면 몸이 먼저 반응하는 상태이다. 이렇게 되면 자연히 습관으로 만들어지게 된다. 1일1독도 이러한 과정을 거쳐서 몸에 적응이 되었다.

책읽기 위해서 1일 30분 이상 운동은 필수다

내 의식은 아주 사소한 것에서 변화를 시작했다. 처음부터 이것저것 다해 보겠다는 생각을 하지 않았다. 그냥 단순하게 복근을 만들겠다. 이런 조그마한 생각의 단초로 의식이 변화했고, 스스로 주위사람에게 성공하겠다고 말했다. 시간이 지나면서 습관이 됐다. 습관이 지나니 중독이 된다. 이런 중독 때문에 비슷한 종류의 좋은 습관들이 생겨났다.

'300일 1일1독 프로젝트' 250일이 지나간다. 새벽 시간의 특징을 이용할 수 있는 책읽기, 명상, 호흡하기, 힐링 음악듣기, 오감 깨우기, 글쓰기 등 다양한 일들을 새벽 시간에 하게 되었다. 말 그대로 인생이 변화되었다. 새벽 시간을 활용하기 위한 기본은 운동이다. 나는 운동예찬가이다. 새벽에 일어나서 운동을 하지 않으면 일하는 데 지장을 준다. 집중력이 떨어지기 때문이다.

팀장 때가 생각이 난다. 업무 자체가 몸을 쓰는 업무가 아니고 사무실에 앉아서 하는 업무이기 때문에 하루 종일 앉아 있다. 팀장쯤 되면 앉아 있는 것이 습관이 된다. 언젠가 앉아 있는데, 갑자기 의자에 맞닿은 허벅지 쪽에서 통증이 심하게 왔다. 이상하다고 느꼈지만 그냥 버티고 앉아서 해야 할 일들을 처리했다. 업무 끝내고 집에 가는데 허리가 너무 아파서 잘 걷지를 못했다. 느낌이 좋지 않았다. 집에 도착하자마자 침대에 쓰러졌다. 허리 통증으로 인해 식은땀이 흘렸다. 아내가 방으로 들어왔다. 걱정스러운 눈빛으로 "괜찮아?" 하고 물었다. 나는 아내가 걱정할까봐 "조금 쉬면 괜찮아질 거야."라고 말했다. 한두 시간 쉬었는데도 허리통증이 계속됐다. 어쩔 수 없이 그 다음날 연차를 내고 병원에 갔다.

급성 허리디스크로 치료를 받아야 한다고 했다. 수술은 하지 않았지만 그때부터 허리 치료를 받았고, 컨디션이 좋지 않으면 어떤 날은 요대를 하고 다닐 수밖에 없었다. 허리 통증은 양약과 한방을 받는데도 잘 치료되지 않았다. 허리가 아프면 머리에 식은땀이 흐르는데 기분이 너무 좋지 않았다. 몸이 비틀리고, 계속 앉아 있을 수가 없어서 업무 집중력이 확 떨어졌다. 일을 하고 싶어도 몸이 안 좋으면 일을 제대로 할 수 없다. 그래서 허리 통증을 없애는 방법을 배우기 위해서 책을 찾았고, 대부분의 책에서 공통적으로 찾은 내용이 걷기와 운동이었다.

주중에 시간이 되지 않으면 주말에는 5km 달리기나 걷기 운동을 꾸준하게 했다. 처음에는 운동 효과를 잘 몰랐지만 시간이 지나가면서 허리 아픔이 조금씩 사라지게 되었다. 결정적으로 허리 아픔을 낫게 한 운동들이 지금 내가 하고 있는 운동 프로그램들이었다. 아무리 시간이 없어도 언제 어디서나 하나씩 할 수 있는 운동들이다. 이 운동들을 하면 허리 통증이 있는 사람들에게는 많은 도움이 될 것 같아 강력히 추천한다.

나는 새벽 1시간 동안 내 몸에 맞는 최적의 운동을 하고 있다. 운동 프로그램은 10가지로 이루어져 있다.

1. 핸드폰으로 아침에 운동하기 좋은 음악을 틀어놓는다.
2. 몸 풀기를 시작한다.
3. 20번 4세트로 벽에 기대서 다리를 앞으로 쭉 뻗어 구부렸다 폈다를 반복하는 운동을 한다.

4. 20번 4세트로 스쿼트를 한다.

5. 5kg 덤벨로 팔운동을 한다. 양팔 20번 4세트로 한다.

6. 홈바이크를 20분 탄다.

7. 푸쉬업을 40번 2세트 한다.

8. 누워서 양다리 올려 복근 강화하기를 40회 3세트로 한다.

9. 플랭크를 2분 2세트 한다.

10. 마지막으로 정리운동을 한다.

지금도 팀장들과 코칭을 하다 보면 몸이 아프지 않은 팀장이 없다. 특히 허리가 좋지 않아서 고생하고 있는 팀장들이 많다. 어떤 팀장들은 허리가 좋지 않아서 스탠딩 책상으로 바꾸고 아예 일어나서 일을 하는 팀장들도 있다. 차장급 직원들도 허리 때문에 약을 먹거나, 주사를 맞는 경우가 많다. 내근 업무를 하는 직원들일수록 앉아 있는 시간이 많기 때문에 허리에 무리가 간다. 처음에는 그냥 지나가지만 점점 빈도수가 많아지고, 그러다 보면 병원에 가서 치료를 받아야 하는데, 허리디스크는 잘 낫지 않는다. 반드시 자기 스스로 의지를 가지고 고치지 않으면 낫지 않는 병이다. 내가 아픈 경험을 가지고 있었기 때문에 코칭을 하면서 이런 팀장들과 직원들에게 말한다.

"1일 30분이라도 꼭 운동하라!"

1일 30분 이상의 운동은 생활하면서 반드시 해야 한다. 경험해본 사람들은 모두 알겠지만, 책상에 오래 앉아 있다고 결과가 나오는 것이 아니다. 얼마만큼 집중하여 일하느냐가 결과를 만든다. 특히 허리가 좋지 않은 직장인들은 내가 제안한 운동을 꼭 해보기 바란다. 운동을 해야 일도 잘 할 수 있고, 효과적이고 집중력 있는 책읽기가 가능하다. 그것도 즐겁고, 희망적으로!!

300일 1일1독 프로젝트 key point 32

새벽 책읽기를 실천하라

01 습관을 만드는 30일, 60일, 90일 3배수의 법칙을 기억하라

02 새벽이 주는 즐거움을 느껴라

03 즐거움이 습관을 만든다

04 허리 강화를 위한 운동 프로그램을 만들고,
     새벽 시간에 내 몸에 맞는 운동을 하라

05 광독서를 위해서 1일 30분 이상 운동은 필수다

책은
판도라의 상자이다

책 속에 모든 길이 담겨 있다

책 속에는 꿈, 희망, 목표, 성공의 모든 길이 완벽하게 담겨 있다. 당신은 더 높은 꿈을 이루기 위해서는 더 많은 책을 읽어야 한다. 나는 책을 읽으면서부터 꿈을 꾸게 되었고 목표가 더 명확해졌다. 책의 힘이다. 미래는 아무도 알 수 없다. 희망을 가진 사람만이 희망을 쫓아간다. 희망은 당신의 미래가 된다. 아무런 희망이 없는 사람은 미래가 없다. 판도라의 상자에 남은 희망이 우리에게 언제나 연료가 된다. 삶의 의미가 된다. 판도라의 상자 밖으로 희망마저 모두 날아갔다면 사람들은 어떻게 살아갈 수 있겠는가? 이런 희망은 희망을 원하고 그리는 사람에게만 찾아온다.

나는 직원들과 분기에 한번 코칭을 한다. 코칭을 하면서 묻는 것이 있다. "꿈이 뭐예요?" 하고 물어보면 대부분 대답하지 않는다. 자기 직장상사와 이야기하면서 자기의 꿈을 명확하게 이야기하지 않는 사람이 대부분일 것이다. 과연 상사에게만 그럴까? 상사뿐만 아니라, 동료들, 친구들, 가족들에게 자기의 꿈에 대해서 이야기하는 사람들은 드물다.

이것을 두 가지로 해석할 수 있다. 하나는 아예 꿈이 없으니 이야기하지 않는 것이다. 또 하나는 낯을 가려서 자기의 속마음을 솔직히 터놓지 못할 수도 있다. 꿈이 없는 사람은 꿈을 만들면 된다. 하지만 낯을 가려서 자기의 꿈을 이야기하지 못한다는 것은 자신에게 그만큼 당당하지 못하다는 것이다. 자기가 생각하고 있는 것에 확신이 없다는 것이다. 자신에게도 확신이 없는 것을 어떻게 다른 사람에게 이야기하겠는가? 이렇게 소극적으로 꿈을 가지고 있으면 머릿속에만 있는 것이지 살아 있는 꿈이 되지 못한다. 꿈이 살아 있고, 당신의 일부처럼 느끼게 하고 간절하게 바란다면 당신은 그 꿈을 이룰 수 있다.

꿈을 현실화 시키는 방법이다.

1. 꿈을 그려라.

2. 내 꿈에 당당해져라.

3. 누구에게나 거리낌 없이 말해라.

4. 매일 확언하라.

5. 결말의 관점에서 생각하라.

6. 꿈이 이루어졌다고 생생하게 느껴라.

7. 현재완료형으로 생각하라.

꿈은 생각하는 크기만큼 커지고 간절함의 크기만큼 더 빨리 이루어진다. 당신이 꿈을 크게 키우면 키울수록, 간절함이 커지면 커질수록 당신의 꿈은 당신 앞에서 현실이 된다.

피그말리온 신화를 보면 사람의 소망이 간절하면 간절할수록 꿈이 이루어짐을 보여준다. 피그말리온은 키프로스 섬에 사는 조각가였는데, 주로 상아를 이용해 여성을 조각했다. 매음 등을 보며 현실의 여성에게 환멸을 느낀 피그말리온은 마음속의 아름다운 여인상을 조각하고, 여인상을 갈라테이아라고 이름 짓는다. 자신이 만들었지만, 세상의 어떤 여자보다도 아름다웠던 조각상인 갈라테이아를 피그말리온은 사람같이 대우를 하며, 진심으로 사랑하게 된다. 피그말리온은 아프로디테 신에게 "이 조각상을 닮은 여인을 제짝으로 내려주십시오."라고 기도를 올렸고, 아프로디테는 피그말리온의 사랑에 감동을 받아, 조각상을 사람으로 만들어준다. 그리고 그들은 결혼하고 자식까지 두었다는 해피엔딩 스토리다.

자신의 마음속에서 간절히 소망하고 기도하면, 기도는 현실이 된다. 조각가 피그말리온은 오직 한 가지 바람을 가지고 조각을 시작했다. 한 땀 한 땀 온갖 정성을 다해 상아를 깎고 또 깎았다. 절박한 바람 속에서 이제껏 자기가 만들어보지 못한 최고의 조각상을 만들었다. 상아는 깨지고, 부러지고, 상처 나기 쉽지만, 피그말리온의 피나는 노력으로 상아를 완벽한 아름다움을 가진 조각상으로 만들었다.

그리고 신에게 간절히 기도했다. '자신의 여인이 되게 해달라고!' 신도 그 간절함에 소망을 들어주었다. 사람의 간절한 소망이 어떤 결과를 가져올 수 있는지 단적으로 보여 주는 신화이다.

죽어 있는 조각도 살아 있는 사람으로 만들 수 있는 간절함, 그 간절함은 사람들의 염원을 현실화시킨다. 우리가 간절한 희망을 가지고 살아가는 한 우리는 그 꿈을 달성할 수 있다. '300일 1일1독 프로젝트'는 간절한 꿈을 실현하기 위한 확고한 토대를 만들어줄 것이다.

책읽기로 더 큰 희망을 키워라

내 주변의 사람들이 하나둘씩 회사를 나간다. 능력이 없어서, 일을 못해서가 아니다. 때가 되었기 때문이다. 나는 가끔 신문기사나 유튜브를 본다. '직장 그만 두고, 삶의 밑바닥으로 추락했다.'라는 헤드라인이 유독 눈에 들어온다. 언제든 내 차례가 될 수 있다. 직장에서 내 위치도 앞을 내다보기 어렵다. 코로나19, AI, 클라우드, 4차 산업 등 사회는 말 그대로 격변하고 있다. 한치 앞을 내다볼 수 없을 정도로 불확실하다. 나의 미래가 명확하게 보이지 않으니 불안감은 더욱 크다.

내가 당장 직장을 그만두면 뭐하지? 답을 찾으려고 했으나 답이 보이지 않았다. 현실적인 계산으로 답을 찾을 수 없었다. 미래는 누구도 알 수 없기 때문이다. 와이프와 아이들이 생각났다.

'어떻게 해야 하나?'

직장에서 더 잘해야 한다는 욕심에 점점 힘들어졌다. 직장에서 머리 아픈 일들이 생기면 가족들에게 얼굴을 찌푸렸다. 내가 더욱 소중하게 생각해야 하는 가족들이었는데……. 나는 가족들에게 강압적인 행동을 하고 있었다.

'아빠가 삶을 책임져 주니까 아빠가 말하면 너희는 따라야 해!'

말 그대로 Top-down, 상명하복이었다. 군대에서나 있을 법한 말투로 가족들을 대했다.

지금 생각해보면 말도 안 되는 생각들로 가족들에게 내 삶을 강요하고 있었다. 가족들의 삶을 전혀 존중해주지 않았다. 그리고 직장을 다닌다는 이유로 친척, 친구 등 주위를 돌아보지 않았다. 직장에서 앞으로 나가야 한다는 생각뿐이었다. 미래를 위해 현재는 없었다. 앞만 보고 달리는 것이 유일한 희망이었다.

그러다 아주 우연한 기회에 책읽기가 나에게 다가왔다. 유튜브에서 어떤 사람이 책을 읽고 성공한 이야기를 했다. 처음에는 그냥 웃으면서 지나갔다.

'이 나이에 무슨 책이야! 그냥 하는 소리겠지! 책이 밥을 먹여 주나, 집을 주나, 술을 주나?'

처음에는 믿지 않았다. 지금까지 몇십 년을 살아오면서 책은 그냥 즐기려고 읽는 것이다. 책으로 나의 삶을 바꾸겠다는 생각은 한 번도 해보지 않았다. 유튜브 채널을 계속 들으면서 처음에는 '아닐 거야.'라고 생각했다. 그런데 조금 더 들으니 '그럴 수도 있겠는데?' 하게 되었고, 조금 더 들으니 '한번 해볼까? 평범한 사람들도 다 하는데, 내가 못할 이유는 전혀 없지 않은가? 내가 하면 더 잘할 수 있지 않을까?'하는 욕심이 생겼다.

그래서 책읽기 프로젝트를 시작했고, '300일 1일1독 프로젝트'를 진행하면 할수록 꿈이 명확해지고, 희망이 커지고 있다. 책을 읽으면서, 머리 아픈 일들이 하나둘씩 사라져갔다. 책이 나를 치유하고 있다. 책을 읽으면서 나를 돌아볼 시간을 가지게 되었다. 자신의 장점은 무엇이고 앞으로 내가 어떻게 살아야겠다는 비전과 목표가 더욱 뚜렷해 졌다.

책 속에는 우리의 선조와 수많은 세계인들이 자신의 지혜와 철학을 넣었다. 누군가를 위해서다. 그 누군가가 바로 여러분이다.

"책은 인류가 만든 불멸의 혼이다."

책은 시크릿이다. 비밀의 열쇠이다. 내가 이 책을 쓰는 이유도 세상에는 나와 비슷한 환경에 있는 사람이 분명히 있을 것이다. 나보다 훨씬 재능 있고, 열정적이고, 독특한 사람들로 세상은 꽉 차 있다. 나같은 사람도 하고 있는데, 여러분이 못할 이유는 없다. 1일1독하라. 1일1독의 힘을 믿어라. 이 책이 여러분의 미래에 아주 조그마한 클루를 제공한다면 이 책의 소임은 다한 것이라고 생각한다. 이 책을 읽고 있는 여러분은 모두 거인이다. 이 책을 통해 당신의 잠재력을 깨닫고 날개를 달아라. 위대한 비상을 시작하라!

책은 판도라의 상자다

01 꿈을 그려라. 꿈이 이루어졌다고 생생하게 느껴라

02 내 꿈을 누구에게나 거리낌 없이 말해라. 내 꿈에 당당해 져라

03 '300일 1일1독 프로젝트'로 더 큰 희망을 키운다

04 결말의 관점에서 생각하라

05 책은 시크릿이다. 당신의 성공을 좌우할 비밀의 열쇠이다

06 책은 인류가 만든 '불멸의 혼'이다

책읽기는
인생 최고의
자기계발이다

책읽기는 퇴화된 뇌를 새롭게 리빌드 한다

나는 요즈음 어떤 말을 하려고 하면 단어가 자꾸 생각이 나지 않아 애를 먹는다. 이전에는 그런 느낌이 없었는데, 사물의 이름이 잘 기억이 나지 않는다. 형체는 기억나고 느낌은 있는데, 말로 표현이 안 된다. 그러다 보니 말을 하면 '저기, 그, 거시기, 그거 알잖아.' 등 대명사가 자꾸 나온다. 상대방이 알기를 기대하면서 설명을 하니 쉽지 않다. 단어가 얼마나 중요한지 다시 한 번 깨닫는다.

1년 전이었다. 와이프와 식사를 하면서 이것저것 이야기를 나누었다. 먹는 음식으로 화제가 전환되었다. 식탁에는 생선이 맛있게 구워져 있었다.

"이 생선 맛있네! 어떻게 구웠어? 저거로 구웠어? 예전에 사왔던 그거?"
"저게 뭐야? 우리가 뭘 사왔지?"

아내는 갑자기 이름이 생각나지 않았나 보다. 우리는 한동안 이름을 가지고 스무고개를 했다. 서로 이름이 생각이 나지 않으니 설명을 하는 데 몇 분은 지나갔다. 서로 이해시키는 데 애를 먹었다. 그러다 포기했다. '이름 모르면 어떤가? 맛있으면 됐지!' 하고 서로 이해했다. 그런데 살다 보면 남을 설득하는 일은 중요하다. 설득하기 위해서는 반드시 명확한 이름이나 구체적인 상황 등을 표현해야 한다.

책을 읽으면 책 속에 있는 다양한 언어들을 만난다. 책읽기는 단어와 단어의 연결로 이루어진 문장을 이해하는 것이다. 어휘력을 늘리는 데 결정적인 역할을 한다. 책읽기는 뇌가 자연스럽게 노화되는 것을 방지하고 오히려 새로운 신경세포를 만들어 뇌를 활성화시킨다. 나이가 들어서도 꾸준히 책을 읽어야 하는 이유다.

'300일 1일1독 프로젝트'를 진행하면서부터 단어를 잊어버리는 일이 줄었다. 오히려 더욱 또렷이 기억이 난다. 신기한 것은 단어를 잊어버려도 다른 단어로 대체하면서 말을 하면 자연스럽게 의미가 이어진다.

'뇌에는 뇌신경 가소성이 일어난다.'

뇌 신경가소성이란 뇌의 신경경로가 외부의 자극, 경험, 학습에 의해 구조가 기능적으로 변화하고 재조직화 되는 현상이다. 신경경로는 일생을 통해 끊임없이 변한다. 새로운 언어나 운동기능의 습득이 왕성한 유년기 때는 새로운 신경경로의 활동성이 최대치를 보인다. 성년기나 노년기에는 그 잠재성은 약간 감소하지만, 여전히 새로운 언어나 운동기술을 습득할 수 있다. 일정한 수준의 뇌신경 가소성은 일생동안 유지한다. (참고자료 : Atari & Seitz 2000)

과학적으로도 나이 들어서 뇌가 퇴화하지 않는다고 한다. 오히려 책읽기로 뇌를 더욱 발전시킬 수 있다. 개인이 '어떤 생각을 가지고 있느냐?'에 따라 뇌를 더욱 유연하게 만들 수 있다.

책읽기는 인생 최고의 자기계발이다

사람들은 나이를 먹을수록 더욱 자기계발을 해야 한다. 자기계발이란 무엇인가? 내 안의 재능이나 사상을 깨우는 것을 '자기계발'이라고 한다. 책읽기는 내 안에 숨겨진 재능이나, 사상을 깨우는 역할을 한다. 책을 많이 읽고 생각을 많이 하면 할수록 생각의 깊이가 깊어진다. 자신의 철학이 생겨나고 가치관이 생긴다.

기타가와 야시스는 『편지가게』 중에서 말한다.

"'재능이 있는 사람만 성공한다.'고 하는 사람은 아무도 없다. 성공한 사람은 재능이 없어도 성공한다. 성공한 사람들은 '정말로 하고 싶었던 일을 열정을 가지고 계속 했을 뿐이다.'"

성공을 이룬 사람들의 책인 『Success built to last』은 1996~2006년까지 무려 10년에 걸쳐 빌 게이츠, 워런 버핏, 리처드 브랜슨, 조지 소로스, 넬슨 만델라, 지미 카터, 달라이 라마 등 유명인사들을 인터뷰한 내용을 담고 있다. 책에서는 '성공한 이들에게 자주 나타나는 사고방식과 행동 패턴이 있다.'는 것을 발견했다. 그것은 바로 '열정'이었다. 성공을 위해서는 성공한 사람들의 패턴인 '열정'을 무기로 지속성을 위한 의지와 습관을 가져야 한다.

'열정'이란 무엇인가? 자기가 만들어놓은 목표를 달성해내고야 말겠다는 집념이다. '집념'이란 무엇인가? 자신의 내면 깊숙이 있는 의지이다. 한 마디로 '마음먹기'이다. '마음먹기'라는 표현은 약하다. '집념'은 '마음먹기', 그리고 '지속적이며 강한 의지의 합'이다. 흐지부지한 마음먹기가 아니라 죽을 만큼의 고통을 견디고 넘어가는 마음가짐이다.

사람들은 기억들을 쉽게 잊어버린다. 아픔의 기억도, 비장한 기억도, 기쁜 기억도 시간이 지나면 잊어버린다. 언제 그러한 일들이 언제 일어났는지 기억조차 못한다. 인간의 뇌에 있는 해마에서 단편기억들을 저장하고 있다. 단편기억은 장기기억으로 넘어가지 전에 대부분 짧은 시간 안에 잊혀진다. 지속적으로 기억하기 위해서는 정기적으로 듣고, 쓰고, 보는 행동을 반복해야 한다. 이러한 반복적인 행동을 습관이라 한다. 좋은 습관을 만드는 방법은 열정을 가지고 지속적인 행동을 해야 한다.

좋은 습관이 계획된 미래를 만든다. 열정과 좋은 습관은 어떤 관계가 있을까? 인생의 성공비결은 좋은 습관을 가지고 끊임없이 열정을 가지고 노력하는 것이다. 열정과 좋은 습관은 떼려야 뗄 수 없는 관계이다. 습관이 있다는 의미는 지속성이 있다는 의미이고, 지속성을 가지고 끊임없는 노력을 한다는 의미는 열정을 불러일으킬 수 있다는 뜻이다.

당신은 자기계발을 위해서 얼마큼의 열정을 가지고 노력을 하고 있는가? 당신의 하루를 소중히 여겨라. 당신에게 주어진 매순간을 소중히 여겨라. 당신의 인생시계를 다시 한 번 상기하라. 이러한 소중한 시간들에 1일1독을 활용하라. 당신이 자기계발을 통해서 배우기를 원하는 모든 무기를 만들 수 있다. 생각의 힘이 지배하는 세상이다. 온 힘을 다해서 생각하고 자신을 변화시키자. 여러 가지를 하겠다고 고민하지 말자. 오직 하나에 초점을 맞추고 매진하자.

당신은 당신 인생의 주관자이다. 그 누구도 당신 인생을 대신 살아줄 수 없다. 인생은 지속적인 자기계발과 도전의 연속이다. 책을 통해서 지속적인 연료를 공급하고 지식의 불길이 활활 타오르게 하자. 책읽기는 인생 최고의 자기계발이다.

300일 1일1독 프로젝트 key point 34

책읽기는 인생 최고의 자기계발이다

01 1일1독으로 내 안의 재능이나 사상을 깨워라

02 1일1독으로 뇌의 노화를 막고, 뇌의 신경세포를 활성화하라

03 중요한 선택 시 단순화시켜 결정하라

04 인생의 가장 행복한 순간은 지금이다. 이 순간을 만끽하자

05 당신은 당신 인생의 주관자이다

책읽기는
미래를 위한
최고의 투자다

독서는 저비용 최고의 효율을 자랑한다

책읽기는 미래를 위한 최고의 투자다! 적은 비용을 최고의 효율을 낼 수 있다. 인류의 역사가 담겨 있는 책 한 권을 2만 원의 비용으로 구매하여 자기의 것으로 만든다. 책의 무한한 가치에 비해 너무나 적은 비용이다. 우리는 책 한 권의 가치를 너무 낮게 평가하고 있다. 마치 공기가 있는 것이 당연한 것처럼 책이 있는 것이 당연하다고 생각한다. 적은 비용으로 누구나 책을 읽을 수 있는 세상이다. 심지어는 주변 도서관에 가면 얼마든 공짜로 책을 빌려 볼 수 있다. 본인만 책읽기를 하겠다는 생각을 가지면 주변에서 얼마든지 무료로 책을 읽을 수 있다.

회사에 정식 도서관이 있다. 정식 도서관을 이용하는 직원들이 많다. 허나 도서관을 이용하면 절차가 필요하다. 기한을 정해서 대출을 받고, 기한 내에 반납해야 한다. 일종의 진입장벽이다. 요즈음 사람들은 귀찮은 것을 정말 싫어한다. 귀차니즘이 유행한다. 귀차니즘은 만사가 귀찮아서 게으름을 피우는 현상이다. TV 보다 물먹기 귀찮아서 물을 먹지 않는다. 밥 먹는 것도 귀찮아서 심지어 밥을 굶는다. 조금만 움직이는 것도 싫어하는 사람들이 많다. 진입장벽이 있으면 이용하는 것 자체를 하지 않는다.

그래서 도서관은 이용하는 사람들만 이용하는 경향이 있다. 책읽기 부익부 빈익빈 현상이 나타난다. 좀 더 편하게 직원들이 책을 많이 이용할 수 있도록 회사 내부 조직 단위로 자체 도서관을 만들어 운영하고 있다. 도서관 운영방식은 간단하다. 읽은 책 중 남에게 추천해줄 만한 책을 기부한다. 조직 내 도서관은 아무도 관리감독하지 않는다. 책을 책장에 모아 두고 읽고 싶은 사람은 자발적으로 기한에 상관없이 읽는다. 다 읽으면 제자리에 꽂아 놓으면 그만이다. 진입장벽을 최소화 시켜놓으니 책을 이용하는 사람들이 전보다는 많아졌다.

책 자체는 누구나 기부할 수 있을 정도로 흔해졌으나, 이를 통한 가치는 더욱 커지고 있다. 책이 얼마나 경제적으로 큰 가치를 가지고 있는지 단적인 예가 있다. 문체부에서 실시한 '독서의 경제적 가치분석'에 따르면 "국민독서율이 1% 증가하면 국내총생산이 0.2% 증가한다."고 한다. 2019년 기준으로 3.7조가 증가하는 것이다. 또한 브리검영대학 연구팀이 발표한 '자녀에 대한 부모의 시간 투자효과' 논문에 따르면 "부모가 자녀에게 일주일에 30분 정도 더 책을 읽어주면 자녀의 연봉이 5,000달러 정도 오른다."고 나타났다. 책은 잠재적 가치로 볼 때 미래를 위한 최고의 투자 대상이다.

나는 3명의 롤모델을 가지고 있다. 이들은 독서광들이고 독서를 통해서 세상을 바꾸었다. 첫 번째는 우리나라 역대 임금들 중에서 최고의 독서가인 세종대왕이다. 세종실록에 기록된 충녕대군 시절의 일화는 세종대왕의 광적인 독서병을 보여준다.

"충녕은 병에 걸린 상태였다. 와병 중에도 손에서 책을 놓지 않은 아들을 본 아버지 태종은 환관들을 시켜 모든 책을 압수했다. 이때 『구소수간』이라는 책 한 권만이 남자 세종은 무려 백 번 이상 읽었다."

세종대왕은 우리나라 역사상 최고의 군주이다. 세종대왕이 다스리던 조선은 농업기술, 천문학, 인쇄술, 예술, 무기 등 다방면에 걸쳐 놀라운 기술을 발전시켰다. 당시 조선은 세계 최고의 기술 강국이었다. 이 모든 것이 세종대왕의 책읽기 능력에서 나왔다. 세종대왕은 한 권의 책을 무려 백 번씩이나 읽을 만큼 노력파였다. 세종대왕은 자기의 능력을 책읽기로 최고로 만들었다.

두 번째는 다산 정약용 선생이다. 다산 정약용은 500권의 책을 펴낸 조선시대 최고의 학자이다. 책과 관련된 다산 정약용 선생의 일화를 보면 "다산 정약용 선생은 9세에 어머니를 여의고 그 슬픔과 허전함을 독서로 대신했다. 집에 있는 책을 모두 읽자 어린 정약용은 외가 윤선도의 집에서 책을 잔뜩 빌려 황소 등에 싣고 집으로 돌아왔다."고 한다. 정약용 선생은 우리나라 역사상 가장 많은 책을 집필했다. 인풋이 없으면 절대 아웃풋이 나올 수 없다. 책이란 아웃풋으로 자신의 모든 지식을 전수한 한 시대를 풍미했던 역사상 가장 위대한 학자이다.

세 번째는 워런 버핏이다. 세계적인 갑부인 워런 버핏은 "성공의 비결은 매일 500쪽의 책을 읽는 것이며, 지식은 복리식 이자가 붙듯이 늘어날 것이다. 대부분의 사람들은 그렇게 할 수 있지만 실천을 하지 않는다."라고 말했다. 그는 투자의 전설이며, 현인이다. 많은 돈을 벌어서 현인으로 추앙받는 것이 아니다. 누구나 돈을 많이 벌었다고 현인이라고 말하지 않는다. 그는 세상을 넓고 다르게 본다. 그가 기부한 전 재산이나 방탕하지 않고 청빈하게 생활하는 방식이 그를 현인으로 만들었다. 그것은 책읽기에서 시작했음이 분명하다. 그가 하루에 80%의 시간을 책을 읽는다는 것은 일반인들이 상상하기 힘들다. 책읽기가 그를 현인으로 만들었다.

세종대왕은 지혜, 정약용 선생은 책쓰기, 워런 버핏은 투자의 모범을 보여준다. 나는 위 세 분을 나의 롤모델로 생각한다. 그들은 내가 세상을 어떤 방식으로 살아야 하는지 생각하게 하고, 성공에 대한 정의를 다시 생각하게 한다. 과거와 현재에 공존하는 이분들의 성공적인 업적을 통해서 내가 추구하는 성공의 가치가 달라졌다.

1일1독으로 성공의 가치를 찾아라

나의 성공은 무엇인가? 나는 지금까지 나의 부와 명예에 초점을 두고 있었다. 내 성공에 다른 사람의 어려움을 이해하고, 도와주며, 그들과 함께 행복한 미래를 건설하기 위한 생각들이 들어가 있지 않았다. 지금까지 나의 초점은 오로지 '나 자신'에 있었다. '나 자신도 관리하기 어려운데, 어떻게 다른 사람까지 걱정하며 도와줄 수 있나?' 하고 생각했다. 그러나 이런 위대한 분들의 행적을 보면서 나의 생각이 바뀌고 있다. 세상의 진리는 '혼자서는 살 수가 없다.'는 것이다. 인류가 수천 년을 진화해오면서 사람들은 무리를 지어서 생활하고, 협동이라는 것을 통해서 발전해왔다. 사람들의 유전자에는 다른 사람들과의 관계를 고려하도록 각인되어 있다.

'나' 위주가 아닌 '나와 관계된 사람들' 위주가 되어야 한다. 내 문제를 해결하는 것이 아닌 내 주변 사람부터 시작해서 사회, 국가, 전 세계로 범위를 확대시켜야 한다. 물질적으로 그들의 문제를 해결할 것인지, 아니면 정신적으로 그들의 문제를 해결할 것인지 선택해야 한다. 반드시 내 성공의 방정식에 대한 해법으로 타인의 삶에 대한 희생, 헌신, 봉사, 기부가 들어가야 한다. 이러한 내용이 들어가지 않으면 부를 끌어 모으고 남에게 피해를 주는 놀부에 지나지 않는다. 놀부의 삶이 과연 행복할까? 성공은 반드시 행복과 연계되어야 한다. 성공은 했으나 행복하지 않은 삶은 생각하지 말자!

일전에 TV를 봤다. 그 TV의 소재는 아버지가 엄청난 부를 만들었다. 돈놀이, 사채 등 남을 괴롭히면서 돈을 모았고, 그 돈으로 큰 부를 이루었다. 돈을 벌 때는 서로가 바빠서 몰랐다. 오직 부자가 되겠다는 신념이 강했고, 가족들 모두도 배부르게 먹는 것이 너무도 소중했기 때문에 아버지가 어떤 일을 해도 문제가 되지 않았다.

물질적으로 가난의 굴레를 끊어 버리고, 풍요롭게 되면서 가족들은 각자의 욕심이 생기기 시작했다. 아내, 아들, 딸 모두 욕심이 생겨나기 시작했다. 아내, 아들, 딸 모두 자기 소유의 물질적인 풍요를 꿈꾸게 되었다. 아버지가 가지고 있는 재산을 좀 더 가져가기 위해 서로를 욕했다. 가족애라는 것은 찾아 볼 수가 없었다. 오직 물질적 정신세계만 있었다. 가족의 가치관은 사라지고, 탐욕에 사로잡힌 가족들 간의 이간질, 타락, 나태, 게으름만이 존재하게 되었다. 이 가족의 미래는 없었다. 가족의 근본적인 정신이 없기 때문이다. 마치 모래 위에 거대한 성을 지어놓은 것 같다. 이는 바람이 불면 한순간에 무너져내리는 허상이다.

성공은 물질이 아니다. 우리는 1일1독을 통해서 성공한 사람들의 가치를 찾아야 한다. 성공은 타인을 위한 봉사라는 주춧돌 위에 견고히 쌓아야 하는 성이다. 멋진 성을 쌓기 위해 용기, 열정, 도전, 사랑 등이 넘쳐나야 한다. 시작은 나로부터 시작해서, 가족, 마을, 지역, 사회, 세계로 점차 확대해가야 한다.

300일 1일1독 프로젝트 key point 35

책읽기는
미래를 위한 최고의 투자다

01 책의 경제적 가치는 무한이다

02 독서광이 세상을 바꾼다

03 책을 통해서 인생의 롤모델을 만들어라

04 성공의 정의를 다시 한 번 생각해봐라

05 1일1독을 통해서 성공한 사람들의 가치를 찾아라

05

지금 읽는 책이
미래다

지금 이 순간이 가장 소중하다

지금 너무도 소중한 이 순간을 즐겨라! 당신의 아침은 매일 새롭게 창조되고, 새로운 인생을 부여 받고 있다. 하루하루가 선물이고 희망이다. 당신이 지금 하고 있는 활동에 큰 의미를 부여하자. 이 순간의 연속이 당신의 미래이기 때문이다.

평화롭고 따뜻한 초여름 오후였다. 나는 고속도로를 달리고 있었다. 나른

함이 긴장을 풀리게 했다. 라디오 방송에서 개그맨들이 옛 개그를 했다. 왠지 그날은 피곤함이 더욱 몰려왔다. 내 차가 똑바로 가지 못하고 이리저리 차선을 넘나들었다. 창문을 열어 큰 숨을 쉬어 봤다. 다른 날과 달랐다. 다른 날 같으면 창문을 열자마자, 차가운 바람 때문에 정신이 번쩍 들었을 것이다. 오늘은 잠이 달아나지 않았다. 날씨가 너무 좋아서 그런가? 열린 창문으로 찬 바람이 아닌 따뜻한 바람이 들어왔다. 뇌에서 소리쳤다.

'영일아! 이러면 안 돼!'

미칠 노릇이었다. 잠을 달아나게 하고 싶은데, 잠이 달아나질 않았다. 안되겠다 싶어, 차 손받이 안에서 자일리톨을 잽싸게 꺼내 우적우적 씹어봤다. 그러면 좀 깨려나? 하지만 그것도 잠시, 단물이 빠지니 소용이 없었다. 그냥 기계적으로 씹고 있었다. 잠을 쫓기 위한 사투를 하면서 어렵게 꾸역꾸역 운전대를 잡고 있었다. 판교 톨게이트가 보였다. 조금만 가면 회사로 돌아갈 수 있다는 안도감에 잠시 졸았다.

그런데 무슨 일이 일어난 것일까? 한순간이었는데 눈이 갑자기 번쩍 떠졌다. 내 차가 도로 옆 난간을 들이 받으려고 질주하고 있었다.

'이게 무슨 일인가?'

1일1독의 힘

번개 맞은 듯 정신이 돌아왔다. 핸들을 바로 틀었다. 차가 도로 위에서 갈지자로 요동쳤다. 도로에 까만 바퀴 자국이 선명했다. 차 계기판에 지금껏 보지 못한 이상한 신호들이 마구 떴다. 무의식중에 큰일 났다는 생각이 들었다. 백미러로 뒤에 차가 오는지를 걱정했다. 뒤에서 오는 차가 나를 제대로 받으면 끝장일 테니, 잠재의식 속에서 본능적으로 차의 방향을 도로 위로 놓고 굴러가게 했다. 그 순간 '살았구나.' 하는 안도감이 뇌리를 스쳤다.

굴러가는 차에 뭔가 이상한 신호가 자꾸 떴다. 창문이 닫혀 있는데도, 차에서 덜거덕 덜거덕 소리가 났다. 오른쪽으로 차가 기울어진 느낌이었다. 그렇다고 고속도로 위에서 차를 멈출 수 없었다. 어떻게든 회사까지 가야 한다고 생각했다. 계기판에 자꾸 빨간 불이 들어왔다. '갑자기 가다가 멈추어 버리지 않을까?' 하는 불안한 생각이 머릿속에 가득했다. 뭔가 문제가 생겼다는 예감이 들었지만 확인해보지 못했다. 그나마 머릿속에 드는 안도감, 차는 문제가 생겼지만 사랑하는 가족들을 더 볼 수 있다는 생각이 들었다. 신에게 감사했다.

회사 주차장에 도착했다. 급히 내려서 차에 도대체 무슨 일이 있었는지 확인했다. 타이어 두 쪽이 모두 터져 있었다. 급하게 핸들을 꺾어 타이어가 모두 걸레처럼 펑크가 나 있었다. 이 상태로 회사까지 온 것이 기적이었다.

나는 그날 세상에 다시 태어났다. 누구나 세상을 살다 보면 죽을 고비를 넘기는 일이 생긴다고 했다. 지금까지 한 번도 겪어보지 못했던 상황이었다. 아주 촌각의 일이었지만 나는 삶과 죽음의 문턱을 넘나들었다. 내가 1초만 더 늦게 잠에서 깨어났다면, 나는 영원히 사랑하는 가족들을 보지 못했을 것이다. 나는 짧은 시간동안이었지만, 삶에 대해서 다시 생각하게 되었다. 앞으로 삶을 어떻게 살아야 하는가? 바로 현재를 즐겨야 한다는 생각이 들었다. 미래를 담보로 현재를 옥죄는 일은 바보 같은 일이다. 몇 분후에 어떻게 될지 아무도 모른다. 내가 살고 있는 지금이 가장 중요하지 않을까?

톨스토이의 '세 가지 질문'이라는 단편집에서 다음과 같은 이야기를 하고 있다. 어느 날, 왕은 깊이 이런 생각을 했다.

"무슨 일을 할 때 가장 좋은 때가 언제인가?"
"왕에게 가장 필요한 사람은 누구인가?"
"해야 할 가장 중요한 일은 무엇인가?"

그리고 이 세 가지 질문에 답을 찾기 위해서 현자를 만났다. 그리고 왕은 답을 찾았다. 현자는 이렇게 말했다.

"가장 중요한 순간은 바로 '지금'이다. 왜 지금이 가장 중요하겠는가? 오직 지금만 영향력을 행사할 수 있기 때문이다. 지금 이 순간만이 우리가 마음대로 다룰 수 있는 유일한 시간이며, 가장 중요한 사람은 바로 지금 함께 있는 사람이다. 가장 중요한 일은 함께 있는 그 사람에게 착한 일을 행하는 것이다."

이 소설은 당신에게 현재의 중요성을 깨닫게 해준다. 현재를 충실히 살아라. 현재의 점들이 연결되어 미래가 된다. 당신은 당신도 모르는 사이에 지금 읽고 있는 책 속에서 많은 배움과 깨달음을 얻고 있을 것이다. 이러한 지혜가 당신의 삶을 더욱 가치 있는 삶으로 만들어줄 것이다.

세상을 살면서 거침없이 하고 싶은 것을 다 해라!

나는 어렸을 때부터 근검절약하는 부모님을 보아왔다. 어머님은 항상 저축하고 절약하라는 말을 입에 달고 사셨다.

"허투루 돈을 쓰면 안 된다."
"술 먹고, 담배 피고 흥청망청 살지 마라."
"나이 들어 돈 걱정하지 않으려면 젊었을 때 모아 두어야 한다."

그리고 당신께서도 사고 싶은 것, 먹고 싶은 것, 입고 싶은 것 제대로 갖지 않고 돌아가셨다. 그런 부모님을 보고 자라온 탓에 아내에게 항상 말한다.

"내가 아직 회사 다닐 때, 좀 더 모아두자."

"갖고 싶은 것이 있어도 좀 참자."

"먹고 싶은 것이 있어도 절제하자."

"은퇴 후에 우리가 계획했던 삶을 살려면 아직 절약해야 될 것 같다!"

아내는 나의 이런 태도에 대해서 항상 불만이다. 말은 동의하지만 나보다 훨씬 현실적이다. 미래를 위해서 현실의 삶을 초라하게 살고 싶어 하지 않는다. 아내는 말한다.

"그렇게 아끼다 죽으면 우리한테 돌아오는 것이 뭐야! 지금 하고 싶은 것 있으면 하고 살자!"

나는 두 번째 생명을 얻으면서 삶에 대한 생각이 미래보다 현실을 더 중요하게 되었다.

"까르페디엠, 현재를 즐겨라."

신께서 내가 아직 해야 할 일이 있기 때문에 세상에 남겨주셨다. 나는 자신에게 주어진 두 번째 삶. 더욱 소중히 살아야겠다. 거침없이, 하고 싶은 것 다 하면서, 후회하지 않도록, 폼나고, 멋지게 살자! 다른 사람은 한 번 사는 생을 나는 두 번 사는 것이기 때문에 첫 번째보다는 훨씬 멋지게 살아갈 자신이 있다. 나의 사랑하는 사람들을 행복하게 해주고, 내 주위의 모든 사람들에게 행복을 나누어주는 그런 삶! 고통을 덜어주고 희망을 주는 그런 삶! 모두가 마음 놓고 웃을 수 있는 삶! 그런 삶을 위해 살아가겠노라고, '300일 1일1독 프로젝트'를 통해 더욱 멋진 미래를 만들어가겠다고 다짐해본다. 나와 같이 멋진 미래를 만들어가기 원하는 사람들은 'https://cafe.naver.com/salarymanbookcafe'로 와라!

300일 1일1독 프로젝트 key point 36

지금 읽는 책이 미래다

01 지금 너무도 소중한 이 순간을 즐겨라

02 하루하루는 선물이고 희망이다

03 내가 살고 있는 지금, 이 순간, 내 옆에 있는 사람이 가장 중요하다

04 거침없이, 하고 싶은 것을 다하고 살아라

05 모든 사람을 행복하게 하라. 1일1독으로 멋진 미래를 만들어가라

06

리딩이
리더를 만든다

리더를 꿈꾸는 모든 사람들은 반드시 책읽기 하라!

처음에 신입사원으로 입사했을 때, 직장인들은 모두 회사의 최고 자리를 꿈꾸며 입사한다. 그런 직장인들이 매일 심리적으로 업무에 쫓기다 보니, 피곤해지고 스트레스가 쌓인다. 아무것도 하기 싫은 무기력증에 빠진다. 이런 일들이 반복되다 보니 방향성을 잃고 하루, 1년을 살아간다. 배우겠다고 하는 의지, 열정, 노력이 시들어지면서 매너리즘에 빠지고, 현실 안주에 빠지게 된다.

이러한 매너리즘을 극복하기 위해서는 자기 자신에게 문제를 제기해야 한다. 대부분의 직장인들은 하루하루 바쁘게 살기 때문에 자기 스스로에게 대한 문제의식은 소홀하다. 회사라고 하는 안정적인 테두리가 있다. 집에 들어오면 편히 쉬고 싶다. 삶을 바꾸겠다는 문제를 제기할 만큼 필요성을 느끼지 못한다. 당신이 무엇을 하든 당신의 사생활에 간섭하는 사람은 아무도 없다. 자기 스스로 어떤 목표를 정하느냐는 개인의 의지에 달려 있다.

당신이 1년에 책 한 권을 읽든 10권을 읽든 아무도 당신에게 간섭하지 않는다. 당신은 완벽한 자유의 시간을 누리고 있다. 누군가 당신에게 "책을 얼마나 읽었냐?"고 하면 "그냥 스스로 좋아하는 만큼 읽는다."고 답하면 된다. 누구도 당신의 답에 이의를 제기하지 않는다. 그러나 당신 자신은 얼마나 당신 삶이 공허해지고, 방향이 없고, 허약해지고 있는지, 뭔가를 해야 하는데 하지 못하고 있는지 알고 있다. 당신 자신에 대해서 한탄과 후회를 하고 있을 것이다. 이럴 때 당신에게 너무도 편하게 다가올 수 있는 것이 책이다. 당신 주변에 책은 얼마든지 있다. 신경만 쓰면 도서관에서 서점에서 얼마든지 자유롭게 볼 수 있는 환경이 구축되어 있다.

당신이 한탄과 후회를 느끼고 있다면 늦지 않았다. 언제든 당신이 마음만 바꾸면 기쁨과 희망을 가질 수 있다. 직장에서 신입사원으로 입사할 때의 마음으로 돌아가라. 당신이 직장에서 어떠한 커리어 패스를 가지고 가면 최고의 자리에 오를 수 있는지 다시 한 번 고민하라. 직장에서 가장 중요한 것이 자기관리이다. 지속적으로 자기관리를 위해서 각 직급마다 배우거나 읽어야 할 책들이 많이 있다. 광독서를 한다고 하면 얼마든지 원하는 책을 원하는 시간에 읽을 수 있다.

각 직급별로 책읽기를 통해서 리더의 기본적인 소양을 갖추고 앞으로 전진하라.

1. 사원~대리 : 보고서 작성 기술, 기획력, 상상력 만들기, 문제해결능력
2. 과장~차장 : 프레젠테이션, 협상의 기술, 설득력, 소통력
3. 팀장 : 코칭하기, 경청하기, 기업가 마인드, 협업
4. 임원 : 리더십, 의식 혁명, 변화와 혁신, 동기부여, 경영서

책읽기는 인류가 발명한 가장 훌륭한 명작이다

성공하는 사람들의 공통점은 책을 많이 읽고, 배움을 즐긴다는 것이다. 배움을 즐기기 위해서 어떻게 하면 좋을까? 배움을 놀이로 만들면 된다. 노는 것은 언제나 즐겁다. 우리의 뇌가 그렇게 생각한다. 공부란 무엇인가?'무언가를 배워야 한다고 느끼면 그것이 공부다. 배운다고 생각하지 않고 일상에서 즐기면 놀이가 된다.

우리는 왜 배워야 하는가? 나는 회사 내 경쟁에서 뒤처지지 않기 위해서 배워야 한다고 생각한다. 남들을 비교 대상으로 생각하다 보니 빨리 지친다. 수많은 사람들이 있고, 그들 모두 전문분야가 다르다. 당신이 배우는 분야는 초급에서 시작한다. 항상 고급자를 꿈꾼다. 따라잡기 위해 시간이 걸린다. 걸리는 시간을 만회하기 위해 무리를 한다. 그러다 보니 몸이 피곤해지고 마음도 쉽게 지친다. 초반에 열심히 하다가 배움을 포기하게 된다.

그러면 어떻게 하면 배움을 공부가 아닌 놀이로 생각할 수 있을까?

1. 남과 경쟁하지 말고 내가 좋아하는 것, 내가 잘하는 것에 초점을 두고 배워라.
2. 당신이 하고 있는 일에 자부심을 느낄 수 있도록 뇌를 세뇌시키자.
3. 명상을 통해서 그 일과 매칭되는 즐거운 일들을 지속적으로 상상하라.
4. 조급해하지 말라. 인생이라는 긴 호흡을 놓고 생각해보자.
5. 책은 레고블럭이다. 책을 항상 옆에 두고, 책읽기를 하라.

책읽기는 인류가 발명한 가장 훌륭한 명작이다. 인류는 책읽기로 인해 진화했고, 앞으로 더 빠르게 진화해갈 것이다. 책읽기는 사람들의 뇌 속에 있는 의식과 무의식 간의 상호작용을 통해서 사람들을 현명하게 만든다. 모든 인간의 뇌는 열려 있는 우주이며, 이 우주와 우주가 연결되면서 상상 이상의 미래가 생겨난다. 인간이 상상하는 세상이 현실이 되고, 현실은 과거와 다시 연계되어 미래를 만든다. 쌓아 있는 지식이 넘쳐서 지혜가 되고, 지혜가 넘쳐서 초지혜가 된다. 리딩이 리더를 만든다.

대부분 리더들은 어려웠던 과거의 시련을 겪고 성공한 사람들이다. 그런 시련이 없었다면 그 사람들은 후세에 이름을 남기기 어려웠을 것이다. 혹독한 시련을 겪은 리더들만이 성공이라는 만찬을 즐긴다.

현재가 어렵다는 것은 당신의 미래가 그만큼 더 밝아질 수 있다는 것을 의미한다. 이 어려운 현재를 이기기 위한 당신의 노력들이 미래의 토대가 된다. 과거, 현재, 미래는 항상 공존한다. 절대 분리되어 있을 수 없다. 이런 공존하는 시간들 속에서 당신이 승자가 될 수 있는 유일한 방법은 당신에 대한 절대적인 확신과 믿음이다. 거대한 시간의 틀 속에서 당신 자신이 외톨이가 되지 않고 당당히 맞서 싸울 때 시간은 당신의 편이 된다. 시간은 당신에게 자유를 부여한다.

우리는 과거의 시간을 잘 다루는 사람을 지식인이라고 부르고, 현재의 시간을 잘 다루는 사람을 현자라 부른다. 미래의 시간을 다루는 사람을 지혜인이라 부른다. 우리는 리더를 지혜인이라고 말한다.

최고의 리더는 비전을 제시하는 리더다. 비전은 전 직원을 한 마음으로 만든다. 한 사람의 꿈은 꿈이지만 만인의 꿈은 현실이 된다. 1일1독은 비전을 생각 속에서 만들어가고, 확장시키는 열쇠다. 리더를 꿈꾸는 모든 사람들은 책읽기를 해야 한다.

300일 1일1독 프로젝트 key point 37

리딩이 리더를 만든다

01 리더를 꿈꾸는 사람은 책을 읽어라

02 인생에서 승리할 수 있다는 확신과 믿음을 가져라

03 책읽기는 인류가 발명한 가장 훌륭한 명작이다

04 최고의 리더는 비전을 제시하는 리더이다

05 인류는 책읽기로 진화했고, 앞으로 더 빠르게 진화해갈 것이다

07

책읽기로
Only one의
무기를 만들다

책읽기로 Only one의 무기를 만들어라

나는 '300일 1일1독 프로젝트'를 진행해왔다. 오늘이 '300일 1일1독 프로젝트' 마지막 날인 10월 29일이다. 나는 세상의 모든 사람들은 특별한 존재라는 것을 더욱 느꼈다. 사람들은 수많은 재능그릇을 가지고 태어난다. 나는 책읽기 관련해서는 전혀 재능이 없는 사람이었다. 2,000만 명의 직장인들은 나보다 훨씬 더 책읽기에 뛰어난 능력을 가지고 있을 것이다. 다만 시간이 없어서, 방법을 몰라서, 너무 쉬워서, 가볍게 보아서 재능을 찾지 못했을 뿐이다.

"우리 뇌는 약 800~1,000억 개 정도의 뉴런을 가지고 있다. 뉴런은 연산 작용과 기억작용을 갖는다. 뉴런은 전기신호를 시냅스를 통해서 보낸다. 시냅스의 숫자는 100조 개 이상이다. 사람마다 성격이 다른 이유는 100조 개가 넘는 시냅스 네트워크로 다른 정보가 흐르기 때문이다. 1,000억 개의 뉴런과 100조 개 이상의 시냅스를 가진 인간의 두뇌는 무한한 잠재역량을 가지고 있으며 한계가 없다." (참고자료 : "멍게와 뇌", 〈국민투데이〉, 2019.2.17.)

나는 우연한 계기로 책을 읽게 되었고, 제2의 인생도전이라는 두려움과 절박함을 가졌다. 책은 나의 삶을 혁신적으로 바꾸었고, 이제는 두려움과 절박함을 넘어 도전과 희망을 가지게 되었다. 모든 직장인들이 힘들고 팍팍한 삶을 살고 있지만, 한 줄기 희망 같은 존재가 필요하다. 당신의 꿈과 도전에 밑거름이 될 수 있도록 반드시 광독서법을 실천할 것을 권한다. 광독서법으로 인생 최고의 무기를 만들어라.

광독서법 실천 가이드

책읽기 의미 찾기

1. 당신의 비전을 만들어라

2. 당신의 사명서를 만들어라

3. 1일1독 목표를 세워라

4. 절박함으로 도전하라

5. 단계적으로 1일1독 하는 것보다, 빅스텝으로 접근하라

6. 시간을 리디자인하라

7. 프로젝트 계획표를 만들어 습관화하라(60일/100일)

8. 실행했는지 자체 평가하라

9. 의식을 확장하는 책을 병행해서 읽어라

책읽기 필수 6대 프로세스 + 부가 2대 프로세스

1. 환경준비 : 핸드폰 알람, 검정색볼펜, 3색볼펜, 노란색 형광펜, 포스트잇, 귀마개 등 책읽기 전에 필요사항을 검토한다.

2. 사전정보 수집(스캔독서) : 책커버 페이지 앞/뒤, 저자약력, 프롤로그, 에 필로그, 목차 읽기

3. 본문 읽기 : 목차를 보고 느낌 오는 제목을 선택독서 한다.

4. 정리하기 : 개요, 질문 답하기, 책의 특징, 요약내용, 실천사항을 1페이지 로 요약 정리한다. 오감하기, 필사는 부가사항으로 개인의 시 간에 맞게 수행한다.

5. 저장하기 : 1페이지로 요약된 내용을 핸드폰으로 저장한다. 나는 저장도 구로 MS의 One Note를 사용한다.

6. 다시보기 : 점심, 업무 끝나고 다시 보기를 한다. 스캐닝 하면 5분 이내 다시 보기 가능하다. 주말에 6일 동안 저장해놓은 책들을 다

시 보기 한다. 최종 한 달에 한번 모아보기 한다.

7. 필사하기(부가) : 하루 10분을 들여서 읽고 있는 책을 필사하라. 생각하
   는 힘이 커진다.

8. 글쓰기(부가) : 하루 30분 글쓰기는 글에 대한 자신감 및 삶에 대한 새로
   운 활력을 불어넣는다.

책읽기 실행하기

1. 아침, 점심, 저녁 하루에 3번 책을 읽는다.

2. 업무 시작 전 1시간, 점심 30분, 퇴근 후 10분 등 자투리 시간을 활용한다.

3. 45분 읽고, 15분 휴식을 원칙으로 한다.

4. 주중과 주말에 책 읽는 시나리오를 다르게 한다.

   주중엔 1시간 이상 시간을 내기 쉽지 않기 때문에 2개의 파트로 구분해
   서 읽는다.

   · 파트1(20분) : 사전 정보 수집(스캔독서 10분), 요약하기(1페이지 10분)
   · 파트2(70분) : 본문(선택독서 50분) 요약하기(1페이지 20분)

   주말엔 1시간 이상 연속해서 읽을 수 있기 때문에 파트를 구분하지 않고
   읽는다.

   · 파트1~2 통합(90분) : 사전 정보 수집(스캔독서) → 본문(선택독서) →
                         요약하기(1페이지)

광독서법을 실행하는 것이 답이다

나는 '300일 1일1독 프로젝트'를 마치면서 무한한 기쁨을 느낀다. 광독서법은 상상력, 사고력, 문제해결력, 통찰력, 주도력, 의사결정력, 질문력, 차별화의 8가지 힘을 키워준다. 광독서법의 힘은 무궁무진하다. 바쁜 직장인들이 어려운 독서법을 배우지 않아도 누구나 쉽게 따라 할 수 있다. 여러분이 광독서법을 습관으로 만들어 놓으면, 인생에서 가장 큰 Only one의 무기로 활용할 수 있다. 이 책을 읽는 분들은 나보다 훨씬 뛰어난 자질을 가지고 있다. 여러분의 숨은 재능을 밖으로 꺼내고 활용하라. 여러분의 삶이 새로워질 것이다. 꿈과 목표가 명확해지고, 조직 내에서 차별화된 인재로 성장할 수 있을 것이다. 열정을 가지고, 끈기 있게 도전하라!

300일 1일1독 프로젝트 key point 38

책읽기로
Only one의 무기를 만들어라!

"광독서법을 실천하라!"

5장. 인생의 모든 답은 책 속에 이미 있었다.

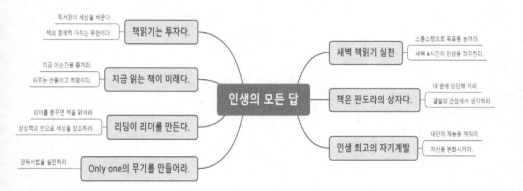

독서광이 세상을 바꾼다.
책의 경제적 가치는 무한이다.

책읽기는 투자다.

지금 이순간을 즐겨라.
하루는 선물이고 희망이다.

지금 읽는 책이 미래다.

리더를 꿈꾸면 책을 읽어라.
상상력의 붓으로 세상을 창조하라.

리딩이 리더를 만든다.

광독서법을 실천하라.

Only one의 무기를 만들어라.

인생의 모든 답

스몰스텝으로 목표를 늘려라.
새벽 4시간이 인생을 좌우한다.

새벽 책읽기 실천

내 꿈에 당당해 져라.
결말의 관점에서 생각하라.

책은 판도라의 상자다.

내안의 재능을 깨워라.
자신을 변화시켜라.

인생 최고의 자기계발

상상낙서장

책읽기로
당당하고 단단한
당신을 만들어라

"책은 인류가 만든 불멸의 혼이다."

어린 시절에 그 많던 꿈이 어느덧 사라졌다. 누구 앞에서나 당당하게 이야기하던 꿈이었다. 그 시절에 부끄러움이나 수치심이나 소심함은 없었다. 단지 순수함이 있었다. 순수한 열정으로 누구 앞에서나 이야기했다.

"저의 꿈은 로켓을 만들고 우주를 여행하는 과학자입니다."

나는 책을 쓰면서 이러한 사실을 알게 되었다. 한 번도 생각해보지 않았던 나의 과거에 대한 행적들을 상세하게 떠올리는 작업을 했다. 내가 얼마나 꿈이 많은 어린 시절을 보냈는지 알게 되었다. 신비로웠고 경이로웠다. 내가 이렇게 많은 경험을 했고 생각을 했다는 것 자체가 놀라웠다. 살아오면서 내 스스로에 대해서 관심과 존중을 가지지 않았다. 별 특별한 것이 없을 것이라는 막연한 생각 속에 살아왔다. 한 번도 깊게 생각을 가지 않았기 때문에 모르면서 살아왔다. 아마도 책읽기를 시작하지 않았다면 죽는 그 순간까지도 나의 삶을 뒤돌아보지 않았을 것이다.

인생에서 한번쯤은 뒤를 돌아보고 자신을 조용히 바라볼 필요가 있다. 당신을 바라보면 볼수록 다르고 특별하게 살아왔는지 안다. 세상에 유일한 경험과 차별성을 가지고 살고 있다는 것을 깨닫는다. 사람들은 똑같은 하나의 사물을 바라볼 때도 서로 다른 생각을 하면서 다른 결론을 생각한다. 장님들이 코끼리의 서로 다른 부위를 만지면서 서로 다른 느낌을 이야기한다. 자기가 코끼리를 만진 부위가 전부이기 때문에 자기주장이 맞다고 이야기한다. 세상에 정답은 없다. 다만 다름이 있을 뿐이다. 일부 사람들은 이분법적 사고방식을 가지고 맞다, 틀렸다를 이야기한다. 하지만 맞다, 틀리다가 아니라 서로 다를 뿐이다. 우리는 다름을 이해하고 존중해야 한다. 생각의 크기를 키우기 위해서는 다른 사람이 가지고 있는 생각을 이해하고 노력해야 한다.

책읽기는 당신의 근원적인 잠재력을 깨우고 생각의 크기를 키우는 일을 한다. 당신을 파악하고 분석한다. 당신의 단점과 장점이 무엇인지를 알게 한다. 이러한 장단점을 기반으로 당신의 미래를 어떻게 만들어가야 할지를 알려준다. 당신은 책을 읽기를 통해서 많은 꿈을 가지게 될 것이다. 나는 버킷리스트를 작성했다. 나의 버킷리스트에는 50여 개의 크고 작은 꿈들이 있다. 이전에는 꿈이라 생각했던 것들이 내가 기록하고 이미지화함으로써 목표로 바뀌었다. 내가 가지고 있는 꿈들 중에 광독서법을 통해서 꿈을 잃어버린 직장인들에게 꿈을 찾아주려고 한다. 내가 꿈을 찾아내는 과정에서 알게 된 것을 공유하고 싶다. 나와 같은 꿈을 꾸는 사람들이 많이 생겨나게 하고 싶다. 신나게 독서하는 인류를 만들고 싶다. 호모 사피엔스보다 더 상상력이 풍부한 인류를 만들어가는 데 공헌하고 싶다.

이 책을 만드는 데 정신적인 위안과 절대적인 지지를 해준 아내 최은정 님에게 감사한다. 나는 회사일 때문에 바쁘다는 핑계로 아이들과 많은 대화를 하지 못했다. 그럼에도 너무도 잘 커준 딸 서현이와 아들 성준이에게도 감사한다. 나는 청춘과 영끌을 다 바친 KT를 너무도 사랑한다. 나와 가장 많은 시간을 보내고 있는 직장 동료 선후배님들에게도 감사한다. 직장에서 나의 롤모델인 신수정 부사장님, 항상 서로를 이해해주는 동료들인 오훈용 단장님, 옥경화 단장님, 이미희 단장님, 조성은 상무님, 정호달 상무님에게 감사한다. 날로 지능화 되어가는 해커들의 공격을 최전방에서 막고 있는 나의 후배

들인 박환석 상무, 유기무 상무, 홍원규 상무, 김경수 팀장, 유영대 팀장, 모현철 팀장, 김영석 팀장, 김현신 팀장, 김진봉 팀장, 허원 팀장, 황태선 팀장외 37명의 단원들에게 진심으로 감사한다. 마지막으로 당당하고 단단한 KT 그룹을 만들기 위해 모든 열정을 다해 임직원들에게 꿈과 희망을 주는 구현모 대표님에게 감사한다.

　나는 하루하루가 감사이고 축복이다. 나는 신으로부터 두 번째 인생을 부여 받았다. 매 순간이 너무도 소중함을 느낀다. 내가 지금 이 순간에 생각하고 기록한 것들이 나의 미래라고 확신한다. 나는 나의 미래를 위해 한 발짝씩 전진할 것이다. 인생은 누가 만들어주는 것이 아니고 내가 만들어가는 것이다. 내가 인생의 당당한 주인으로서 하얀 백지장 위에 상상력의 붓을 들고서 무엇을 그리느냐는 다른 사람이 아닌 바로 내가 선택하는 것이다.